2,10

SPECERIJEN

ALLE INFORMATIE VOOR DE LIEFHEBBER

SPECERIJEN

ALLE INFORMATIE VOOR DE LIEFHEBBER

RICHARD CRAZE

Librero

Oorspronkelijke titel: The Spice Companion

Ontwerp: Richard Dewing
Lay-out: Stuart Smith
Foto's: Philip Wilkins
Productie: TextCase, Groningen
Vertaling: Lotje Deelman (voor TextCase)
Redactie: Heleen Silvis (voor TextCase)
Zetwerk: Erik Richèl (voor TextCase)

Distributie Vlaanderen: Boeken Diogenes bvba,
Paulus Beyestraat 135, 2100 Deurne

ISBN 90 5764 037 6

10 9 8 7 6 5 4 3 2 1

Printed in China by Leefung Asco Printers Ltd.

INHOUD

INLEIDING

De geschiedenis van specerijen 15

DE SPECERIJENLIJST

Lijst van specerijen onder hun alledaagse naam 26

KOKEN MET SPECERIJEN

Specerijenboter 126

Specerijenolie 127

Specerijendrankjes 127

Dressings 128

Inmaakazijn 130

Chutney 132

Curry 134

Zoete lekkernijen 138

Specerijenmengsels 141

Paprika's 147

Pepers 151

Mosterd 158

Specerijenazijn 163

SCHOONHEID, ONTSPANNING EN GEZONDHEID

Specerijen voor schoonheid en ontspanning 167

Gezonde specerijen 176

Aanbevolen literatuur 188

Dankbetuiging 189

Fotoverantwoording 189

Register 190

Dit boek is opgedragen
aan mijn overleden
vriend Bob Lloyd

INLEIDING

Specerijen zijn, strikt genomen, de gedroogde delen van aromatische planten –zaden, bloemen, bladeren, bast of wortels– hoewel sommige daarvan vers gebruikt worden. Maar specerijen hebben iets wat tot de verbeelding spreekt en uitstijgt boven hun medicinale of culinaire gebruik. Wie kan de woorden 'specerijeneilanden' horen zonder een rilling van opwinding en de aantrekkingskracht van het avontuur te ervaren? Er zijn oorlogen gevoerd vanwege specerijen; hele wereldrijken gingen vanwege specerijen ten onder. Ontdekkingsreizigers gingen op zoek naar de vreemde en exotische landen waar ze vandaan kwamen –namen die nog altijd tot de verbeelding spreken– Egypte, China, Arabië, Perzië, India, Griekenland, Zanzibar.

Sommige specerijen zijn meer waard dan kostbare metalen en edelstenen; wierook en mirre vond men zo kostbaar dat ze deel uitmaakten van de drie geschenken die de drie koningen het kindeke Jezus brachten.

Specerijen zijn onmisbare ingrediënten in de keuken van iedere goede kok. Ze worden ook gebruikt voor het

Een definitie van specerijen is moeilijk te geven. Is knoflook een specerij?

maken van wierook, oliën, cosmetica, conserveringsmiddelen en smaakstoffen. De geschiedenis van specerijen is een fascinerend en dankbaar onderwerp.

In dit boekje vindt u alles over specerijen – over hun geschiedenis, teelt, gebruik en bereiding. Dit gezaghebbende en uitgebreide boek, waarin meer dan vijftig specerijen uit de hele wereld worden besproken, is een geïllustreerd naslagwerk van 's werelds meest gebruikte en populairste specerijen.

Steranijs (Illicium verum)

Wat is een specerij precies? Een exacte definitie is moeilijk te geven, omdat sommige planten door bepaalde mensen als specerij beschouwd worden, terwijl anderen dit bestrijden. Knoflook bijvoorbeeld: is dat een specerij? Het smaakt als een specerij en is aromatisch, maar groeit niet in de tropen, waar de meeste specerijen vandaan komen. Het woord 'specerij' duidt meestal op de gedroogde zaadjes van bepaalde aromatische planten – maar paprika's dan? We gebruiken ze in gedroogde vorm voor paprikapoeder, maar eten ook het verse vruchtvlees, net als bij rode en groene pepers. Misschien zit het hem in de smaak. Maar dan moeten we kurkuma buiten beschouwing laten, dat niet als een specerij smaakt, maar toch overal ter wereld als specerij beschouwd wordt. Sommige gerechten zouden eenvoudigweg niet zonder de heldergele kleur ervan kunnen. In dit boekje staan alle traditionele specerijen en ook een paar waar u wellicht nog nooit van gehoord hebt, maar die in hun land van herkomst belangrijk zijn.

Hoeveelheden

De volgende afkortingen worden gebruikt: tl (theelepel), el (eetlepel), ml (milliliter), l (liter), g (gram), kg (kilo), m (meter), C (Celsius).

In sommige recepten wordt een kop van een bepaald ingrediënt gebruikt. 1 kop is gelijk aan 250 ml. Een theelepel is 5 ml en een eetlepel 15 ml.

Alle gewichten worden uitgedrukt in grammen of kilo's. 5 g is ongeveer 2 tl; 10 g is ongeveer 4 tl en 20 ml; 40 g is ongeveer 5 el en 80 ml.

Als er eieren worden gebruikt, worden hiermee eieren van gemiddelde grootte bedoeld, tenzij anders is aangegeven. Een snufje of een mespunt betekent ook echt een snufje of een mespunt, geen handvol.

Oventemperaturen worden normaal gesproken niet gegeven omdat ze aanzienlijk kunnen verschillen. We raden echter een gemiddelde temperatuur van 180-190°C aan.

Waarschuwing

Alle medicinale toepassingen zijn alleen vermeld vanwege hun informatieve waarde. Voor medische problemen dient u een arts te raadplegen; probeer ernstige aandoeningen niet zelf te behandelen.

De specerijenlijst

Deze lijst bevat de meest voorkomende, exotische, belangrijkste en zeldzaamste specerijen, afkomstig uit de hele wereld. Er staan alom bekende specerijen in als zwarte peper, mosterd en karwij, maar ook minder bekende, zoals laos en asafoetida. Van elke specerijensoort worden geschiedenis, de plaats waar hij groeit, medicinale en culinaire toepassingen en de belangrijkste eigenschappen genoemd. Aan het begin van de lijst vindt u een alfabetische opsomming van de specerijen onder hun gewone naam.

Zwarte peper is een essentieel ingrediënt in traditionele vinaigrette.

KOKEN MET SPECERIJEN

In dit hoofdstuk staan alle tips die een kok nodig heeft om specerijen te gebruiken. Er staan ook recepten in voor specerijenboter, olie, drankjes, dressings, een bouquet garni, chutneys, curry's, puddingen en specerijenijs.

Garam masala is een bekend specerijenmengsel.

SPECERIJENMENGSELS

In het hoofdstuk over koken treft u enkele bekende specerijenmengsels aan, zoals verschillende soorten currypoeder, garam masala en sambal, maar ook enkele minder bekende, zoals alino criolo en Chinees vijfkruidenpoeder.

Pepers zijn er in allerlei soorten en maten.

PAPRIKA'S

Paprika's bevatten een zeer hoge concentratie vitamine C. In dit deel staan enkele verrassende en smakelijke recepten waarin gebruik wordt gemaakt van sappige rode en groene paprika's.

PEPERS

Iedereen associëert pepers met de heetste gerechten die koks waar dan ook ter wereld bereiden. Hier vindt u informatie over hoe u ze klaar moet maken – en hoe u achteraf weer op adem komt.

MOSTERD

Mosterd is een van de oudste en populairste specerijen. U leert de verschillen tussen beroemde mosterdsoorten, zoals Dijon, Engelse, Amerikaanse en Hollandse mosterd.

Specerijen geven extra pit aan ingemaakte groenten en fruit, en aan chutneys.

SPECERIJENAZIJN

Weet u hoe u gemberazijn of een zeer gekruide azijn kunt maken? Hier leert u specerijenazijn en een pittige vinaigrette te maken en treft u bovendien een recept voor worcestersaus aan.

SPECERIJEN VOOR SCHOONHEID, ONTSPANNING EN DE GEZONDHEID

Al eeuwenlang worden specerijen gebruikt voor cosmetica, zeep, wierook, potpourri en parfums. In dit hoofdstuk ontdekt u wat voor ongebruikelijke en leuke dingen u met specerijen kunt doen om uzelf en uw huis mooi te maken. Gebruik specerijen niet als medicijn en raadpleeg in geval van ziekte altijd een dokter, maar het is de moeite waard op de hoogte te zijn van de verwarmende en stimulerende eigenschappen van sommige specerijen.

DE GESCHIEDENIS VAN SPECERIJEN

Zonder de geschiedenis van specerijen zou er geen wereldgeschiedenis zijn. Specerijen hielden direct verband met het ontstaan van oorlogen, handelsroutes, de ontdekking van Amerika, pauselijke edicten en decreten, medicinale geneeswijzen, cosmetische producten, religieuze rituelen en, uiteraard, met heerlijke gerechten. Specerijen worden al sinds mensenheugenis gebruikt en verhandeld.

SPECERIJEN EN CHINA

Ruim 5000 jaar geleden schreef de Chinese keizer Shen Noeng een medische verhandeling waarin hij de eigenschappen van gember, cassia, anijs en kurkuma prees. Zijn hoge leeftijd wordt toegeschreven aan de grote hoeveelheid specerijen die hij in zijn voedsel verwerkte. Confucius adviseerde zijn discipelen rond 550 v.Chr. om alleen voedsel te eten dat met specerijen was bereid.

ARABISCHE HANDELAARS

Rond dezelfde tijd handelden de Arabieren met India in specerijen. In de Indiase specerijenhavens van Malabar werd een levendige handel in kardemom, gember, kurkuma,

Er wordt al duizenden jaren gehandeld in specerijen.

paprika, sesamzaad en komijn gevoerd. Op schepen gebruikte men gemberplanten tegen scheurbuik. De Arabieren kochten ook specerijen op andere plaatsen: kaneel in Sri Lanka, foelie, nootmuskaat en kruidnagels in Oost-Indië, mirre in Oost-Afrika. Ze maakten hun eigen wierook. De handelsroutes waren lang en moeilijk begaanbaar – per kameel vanuit Calcutta of over zee via de Perzische golf. Het was een winstgevende, lucratieve handel. Uiteraard hielden de Arabieren de exacte locatie van de specerijenlanden geheim en verzonnen ze zelfs fantastische en onwaarschijnlijke verhalen over de herkomst van de specerijen om anderen op een dwaalspoor te brengen. De Arabische handelaars waren de importeurs en de exporteurs van de specerijenwereld. Ze kochten en verkochten in Egypte, Perzië, Afghanistan en het hele Middellandse-Zeegebied – en van daaruit in Europa.

Griekenland en Rome

In het oude Griekenland en in het Romeinse rijk werden specerijen bijna overal voor gebruikt. De Grieken en de Romeinen schreven over de medicinale en cosmetische toepassingen ervan, maar ze verkwistten ze ook – men zegt dat Nero op de begrafenis van zijn vrouw een jaarvoorraad kaneel verbrandde (niet alleen die van hemzelf, maar van heel Rome).

De Grieken hielden van eenvoudig en sober eten. De filosoof Epicurus verkondigde dat het leven om genot draait, maar dat dit genot van eenvoudige aard moet zijn en dat matigheid gepast is. Het woord 'epicurist' verwijst naar hem. Tegen de tijd dat de Griekse beschaving viel, gebruikten de Grieken net zoveel specerijen in hun eten als ieder ander.

De West-Goten eisten peper

Toen het Romeinse Rijk zich over Europa verspreidde, namen de Romeinen hun specerijen mee en introduceerden deze bij de inheemse volkeren, waarvan enkele al eigen specerijen hadden. Toen het Romeinse Rijk viel en de Romeinen zich terugtrokken in Rome, lieten ze een rijke erfenis van specerijen na. Toen de West-Goten Rome bezetten in 48 v.Chr., eisten ze onder andere 3000 pond peper.

De Middeleeuwen

Met de plundering van Rome deden de Middeleeuwen hun intrede in Europa. De specerijenhandel ging door in het Midden-Oosten en het Verre Oosten, maar in Europa werden specerijen niet meer gebruikt, totdat in de 12e eeuw de kruisvaarders uit Palestina terugkeerden met nieuwe handelswaar. Europa ontwaakte en de specerijenhandel bloeide op.

De Italiaanse Renaissance

Venetië en Genua werden rijk toen ze munt sloegen uit de nieuwe handel en met de winst ontstond de Italiaanse Renaissance. De middeleeuwse keuken veranderde – alles moest gekruid en kleurrijk zijn, ondanks het feit dat specerijen erg duur waren. Op een gegeven moment was een paard evenveel waard als een pond saffraan, kostte een schaap een pond gember en een koe twee pond foelie. Peper was zo kostbaar dat de prijs berekend werd per korrel. Peperkorrels werden gebruikt als betalingsmiddel voor belastingen en huur.

Lang geleden betaalde men belastingen en huur met peperkorrels.

De karavaan van Marco Polo (van een Catalaanse landkaart).

Marco Polo

De Arabieren beheersten de handel nog steeds en hielden de prijzen hoog. Aan het begin van de 13e eeuw vertrok Marco Polo uit Venetië om een nieuwe route naar het Midden-Oosten te vinden, zodat hij de Arabische handelaars kon omzeilen. Toen hij 25 jaar later terugkeerde, bracht hij fabelachtige rijkdommen en schatten van het hof van de Chinese keizer Kubla Khan mee – en specerijen natuurlijk. Niemand geloofde aanvankelijk dat hij zo'n fantastische reis had gemaakt, tot hij een geweldige maaltijd voor zijn vrienden bereidde met alle nieuwe en exotische specerijen die hij mee had gebracht. Het zou nog twee eeuwen duren voordat de Europeanen geen genoegen meer namen met de exorbitante prijzen en er echt iets tegen gingen ondernemen.

Hendrik de Zeevaarder

Door de Venetiaanse handelsovereenkomsten met de Arabieren werden de prijzen kunstmatig hoog gehouden en bleef de rijkdom van Venetië gehandhaafd. Het was dan ook geen Venetiaan die nieuwe routes ontdekte. Prins Hendrik van Portugal, ook wel bekend als Hendrik de Zeevaarder, deed zijn intrede. Hij financierde expedities en liet ze rondom Afrika varen om een route te vinden naar de Indische Oceaan. Dit gebeurde met eenvoudige zeilschepen die nog nooit uit het zicht van land waren verdwenen. Prins Hendrik stierf zonder dat zijn reizen succes hadden gehad. In 1480 konden de Portugezen voor de wind zeilen, hadden ze Afrika gerond en konden ze naar India varen. Ze bereikten India in 1497 – maar niet voordat hun grote rivalen, de Spanjaarden, zich in toenemende mate druk begonnen te maken dat zij het onderspit zouden delven in de specerijenhandel.

Columbus introduceerde vanille in Europa.

Christoffel Columbus

De onbekende Italiaan Christoffel Columbus, die voor de Spanjaarden werkte, beweerde dat hij India eerder kon bereiken dan de Portugezen. Niet via Afrika, maar door westwaarts te zeilen, de onbekende Atlantische Oceaan op. Hij vertrok in 1492 en bereikte tot zijn teleurstelling drie maanden later West-Indië. Hij was vertrokken naar India en had in plaats daarvan Amerika gevonden. Hij keerde terug met piment uit West-Indië, pepers uit Mexico en vanille uit Midden-Amerika.

Er ontstonden dus bijna gelijktijdig twee nieuwe routes en de oorlogen tussen specerijenhandelaars kwamen op gang. De Spanjaarden en de Portugezen zaten elkaars specerijenhandel zo dwars dat de paus genoodzaakt was de wereld te verdelen in twee 'specerijenhelften': Spanje mocht alles hebben richting het westen, tot aan een denkbeeldige lijn in de Atlantische Oceaan, en Portugal alles richting het oosten.

Magelhaen

De Portugees Magelhaen voer in opdracht van de Spanjaarden met vijf schepen met meer dan tweehonderd bemanningsleden naar het westen om een nieuwe route naar de Molukken en de Banda-eilanden te creëren. De filosofie hierachter was dat als ze via het westen naderden, ze in hun eigen gebied zaten en dus niet tegen de paus ingingen, maar zo wel de markt in specerijen konden veroveren. Magelhaen keerde niet terug, maar enkele van zijn bemanningsleden wel, in een schip dat de kust van Zuid-Amerika rondde.

De Engelsen en de Nederlanders

De Engelsen en de Nederlanders deden hun intrede in de specerijenhandel. De Nederlanders richtten de Oost-Indische Compagnie op om direct met India zaken te doen. De Engelsen financierden Sir Francis Drake, die een andere route naar China zocht. Engeland en Spanje kwamen met elkaar in oorlog vanwege handelsroutes. Dit leidde tot de val van de Spaanse Armada en de oprichting van de Engelse Oost-Indische compagnie.

In 1658 versloegen de Nederlanders de Portugezen in de slag om de kaneelhandel op Ceylon en namen ze ook de peperhavens van Malabar en Java in. In 1690 hadden de Nederlanders een monopoliepositie bereikt in de kruidnagelhandel, doordat ze de kruidnagelbomen op alle eilanden –behalve één– in brand hadden gestoken. Ze behielden deze positie gedurende 60 jaar, totdat een Fransman erin slaagde een rijpe vrucht naar de Franse koloniën te smokkelen, die daar met succes geplant werd.

Eind 18e eeuw hadden de Britten de Nederlanders uit India verjaagd en weldra werd Londen het wereldcentrum van de specerijenhandel – dat zou echter niet lang duren.

Amerika

Tijdens de Amerikaanse Revolutie produceerden de Amerikanen (die toen nog kolonisten heetten) in snel tempo zeilende oorlogsschepen –klippers– om de Britse marine te verslaan. Toen de Amerikanen de oorlog hadden gewonnen, werden deze schepen al snel ingezet om naar de West-Indische eilanden te varen. Aan het monopolie van de Britten kwam een einde voordat het goed en wel begonnen was.

Vandaag de dag

Na de bloederige specerijenhandel van de afgelopen 600 jaar lijkt de situatie tegenwoordig een beetje tam. Omdat specerijen niet meer zo in trek zijn, zoeken we niet meer naar nieuwe routes en voeren we geen oorlog om ze in ons bezit te krijgen. Misschien zijn we gewend geraakt aan de niet erg verse, kant-en-klare, gemalen specerijen die we in elke supermarkt kunnen kopen. We moeten misschien eens zelf specerijen malen om het rijke aroma en de prikkelende smaak van verse specerijen te herontdekken. Of misschien beschikken we dankzij de koelkast over zoveel vers voedsel dat specerij-

In Noord en Zuid-Amerika zijn pepers inheemse planten.

en niet meer nodig zijn om de smaak van minder vers voedsel te verhullen. Toch zijn specerijen veel meer dan een camouflagemiddel – ze laten ons kennismaken met een gevarieerde en boeiende reeks smaken en geuren.

Ook de teelt en de verspreiding van specerijen is fascinerend. Wie zou hebben vermoed dat de pepers die in Mexico zijn ontdekt in India in curry's gebruikt werden? Dit heeft op zo grote schaal plaatsgevonden, dat veel mensen denken dat pepers Indiaas zijn in plaats van Amerikaans. En wist u dat Canada 's werelds grootste mosterdproducent is?

Specerijen worden niet langer beschouwd als wonderbaarlijke medicijnen, maar spelen nog steeds een belangrijke rol in de productie van cosmetica en parfums. Ze worden op grote schaal verbouwd vanwege hun eigenschappen als kleurstof en conserveringsmiddel.

In Granada wordt op grote schaal nootmuskaat verbouwd.

Nootmuskaat en foelie zijn niet langer het belangrijkste gewas op de Molukken, maar worden voornamelijk op het West-Indische eiland Grenada verbouwd.

Kruidnagels zijn nog steeds uit Madagaskar en Zanzibar afkomstig – namen die nog steeds tot de verbeelding spreken en die haast ruiken naar specerijen.

DE SPECE-RIJENLIJST

WAARSCHUWING:
Raadpleeg altijd een gezondheidsdeskundige voordat u een plan voor zelfbehandeling maakt. Specerijen zijn effectief en veilig wanneer ze in de juiste omstandigheden gebruikt worden. Dit boek dient een informatief doel en is zo volledig en accuraat mogelijk, maar de adviezen die erin worden gegeven, mogen niet beschouwd worden als vervanging voor professionele hulp.

Specerijen worden gebruikt zolang de mens voedsel bereidt; kruiden en planten worden misschien nog wel langer gebruikt vanwege de geneeskrachtige werking. De mythe dat specerijen van oudsher werden gebruikt om de smaak van ranzig of slecht vlees te verbloemen, lijkt onwaar te zijn. Onze smaakpapillen hunkeren naar prikkeling en nieuwe sensaties. De specerijen op de volgende bladzijden voorzien ruimschoots in die behoefte.

Naast de geschiedenis van de specerijenhandel is de ontwikkeling die het fornuis heeft doorgemaakt interessant. Door de uitvinding van het fornuis hoefde niet langer alles in een grote pot te worden gekookt, maar konden er verschillende pannen gebruikt worden. Er werd daardoor volop geëxperimenteerd, wat leidde tot een explosieve toename van het gebruik van specerijen. Toen de Spaanse ontdekkingsreizigers terugkeerden uit de Nieuwe Wereld namen ze niet alleen goud, maar ook nieuwe specerijen mee – specerijen waar nog nooit iemand van gehoord had en die zich snel over Europa verspreidden. Dat zou niet nodig zijn geweest als specerijen alleen gebruikt werden om de smaak van vlees dat aan bederf onderhevig was te verdoezelen; er waren al meer dan genoeg specerijen die dat doel konden dienen. Het gebruik van de nieuwe specerijen verspreidde zich snel, omdat mensen, overal ter wereld, hun voedsel smaak wilden geven en hun tafelgenoten wilden verrassen door iets bijzonders op tafel te zetten.

Nu vormen specerijen onmisbare ingrediënten in allerlei gerechten, voegen ze smaak toe en accentueren ze bestaande smaken. Bovendien helpen ze bij de spijsvertering. Ze kunnen gebruikt worden in vrijwel elk gerecht, van salades, ovenschotels en soepen tot nagerechten, cakes, sauzen en drankjes.

In een pepermolen kunt u ook andere specerijen malen.

Deze specerijenlijst is een naslagwerk met foto's. De specerijen staan in alfabetische volgorde naar botanische naam. Er staan zowel bekende als onbekende specerijen in, van gember, kaneel en peper –specerijen die we allemaal kennen– tot piment, alantswortel en bitterhout. De verschillende vormen waarin de specerij verkrijgbaar is, worden genoemd: vers, gedroogd of gemalen. In de meeste gevallen staat er een foto bij van de specerij als plant in zijn natuurlijke habitat.

Probeer er eens een paar – of probeer ze allemaal. Sommige specerijen, zoals pepers, moeten met enige voorzichtigheid gehanteerd worden. U kunt volop experimenteren en specerijen waar u niet van houdt, overslaan. U vindt hier de beste specerijen die de wereld te bieden heeft. Met deze specerijen verbetert u het saaiste gerecht. U kunt ze mengen, er van alles over te weten komen en ze misschien voor de eerste keer proeven. Als u net als de meeste mensen alleen beschikt over een pepermolen voor zwarte peper, is het de hoogste tijd om er nog een paar te kopen en uw eigen specerijen te gaan malen.

We vermelden de traditionele medicinale toepassing van de specerijen, maar voordat u zelf aan het dokteren slaat, dient u een arts te raadplegen. We vermelden ook de culinaire toepassingen, de geschiedenis en de herkomst van elke specerij. Af en toe treft u zelfs een recept aan.

Veel plezier met deze pittige lijst!

LIJST VAN SPECERIJEN ONDER HUN ALLEDAAGSE NAAM

Alantswortel	*Inula helenium*	82
Anijs	*Pimpinella anisum*	102
Asafoetida	*Ferula assafoetida*	74
Cassia	*Cinnamomum cassia*	56
Cayennepeper	*Capsicum longum*	48
Citroengras (sereh)	*Cymbopogon citratus*	68
Cubebe (staartpeperkorel)	*Piper cubeba*	104
Dille	*Anethum graveolens*	34
Fenegriek	*Trigonella foenum-graecum*	116
Foelie	*Myristica fragrans*	88
Gember	*Zingiber officinale*	*122*
Jeneverbes	*Juniperus communis*	84
Kaneel	*Cinnamomum zeylanicum*	58
Kappertjes	*Capparis spinosa*	42
Kardemom	*Elettaria cardamomum*	70
Karwij	*Carum carvi*	54
Kassie	*Picraena excelsa*	98
Kentjoer	*Alpinia oficinarum*	32
Kerrieblaadjes	*Murrya koenigii*	86
Komijn	*Cuminum cyminum*	64
Koriander	*Coriandrum sativum*	60
Kruidnagel	*Eugenia caryophyllus*	72
Kurkuma	*Curcuma longa*	66
Laos	*Alpinia galanga*	30
Maanzaad	*Papaver somniferum*	96
Mierikswortel	*Armoracia rusticana*	38
Mirte	*Myrtus communis*	92
Mosterd	*Brassica nigras, B. juncea, B. hirta*	40

Nigella	*Nigella sativa*	94
Nootmuskaat	*Myristica fragrans*	90
Paprika	*Capsicum annuum*	44
Paprikapoeder	*Capsicum tetragonum*	50
Paradijskorrels	*Aframomum melegueta*	28
Pepers	*Capsicum frutescens*	46
Piment	*Pimento officinalis*	100
Saffloer	*Carthamus tinctorius*	52
Saffraan	*Crocus sativus*	62
Selderij	*Apium graveolens*	36
Sesam	*Sesamum indicum*	110
Steranijs	*Illicium verum*	80
Sumak	*Rhus coriaria*	108
Szechuan-peper	*Zanthylxylum piperitum*	120
Tamarinde	*Tamarindus indica*	114
Vanille	*Vanilla planifolia*	118
Venkel	*Foeniculum vulgare*	76
Witte mosterd	*Sinapsis alba*	112
Zoethout	*Glycyrrhiza glabra*	87
Zwarte peper	*Piper nigrum*	106

PARADIJSKORRELS

Aframomum melegueta

De West-Afrikaanse boom Amomum melegueta *heeft orchidee-achtige, trompetvormige gele of roze bloemen, waaruit helderrode vruchten groeien. Uit deze vruchten zijn de kleine bruine zaadjes die we paradijskorrels noemen afkomstig. Ze hebben een merkwaardige, haast piramide-achtige vorm. Ze staan ook bekend onder de naam melegueta-peper. Deze specerij is familie van kardemom en werd ooit in plaats van peper gebruikt toen peper te duur was.*

Paradijskorrels

HERKOMST EN EIGENSCHAPPEN

Paradijskorrels komen van oorsprong uit West-Afrika en worden veel gebruikt in de Afrikaanse en de Caribische keuken. De boom wordt slechts 2,5 m meter hoog en is familie van zowel gember als kardemom. In het oude Rome waren paradijskorrels zeker bekend, evenals in het middeleeuwse Europa, als vervanging voor peper. In Groot-Brittannië werden ze door George III (1760-1820) verboden, omdat hij van mening was dat peper of soortgelijke hete specerijen slecht voor de gezondheid waren.

CULINAIRE TOEPASSINGEN

De smaak van paradijskorrels is heet, pittig en aromatisch, waardoor ze geschikt zijn voor elk gerecht waarin u normaal gesproken zwarte peper zou gebruiken. Als u de hele zaadjes kunt krijgen in een Indische of Afrikaanse winkel, kunt u ze zelf in een pepermolen fijnmalen.

MEDICINALE TOEPASSINGEN

In West-Afrika worden de zaden ingenomen voor diverse kwalen, onder andere menstruatiepijn en overvloedige melkproductie bij zogende vrouwen. De wortel van de boom wordt gekookt en gebruikt om onvruchtbaarheid te verhelpen. Het bekendste gebruik van de zaden is als afrodisiacum, maar dat moet u zelf maar uitproberen.

RECEPT

Pittige ovenschotel met ricotta

Er zijn verschillende soorten paradijskorrels. *A. angustifolium* is geschikt voor vlees.

Ingrediënten:

- 800 g vlees naar keuze
- handvol paradijskorrels
- 2 koppen (500 g) ricotta
- 10 g Franse mosterd
- 1 tl (2 g) gemalen kruidnagel
- ½ kop (125 ml) slagroom

Leg het vlees in plakken in een ovenschaal. Bestrooi het met de gemalen paradijskorrels. Meng de ricotta met mosterd, kruidnagels en slagroom en bedek het vlees met het mengsel. Zet het 10 minuten (of tot het vlees gaar is) in een oven van 200°C. Laat het vervolgens onder de grill goudbruin worden. Serveer direct..

LAOS

Alpinia galanga

Galanga komt uit China, waar het liang-tiang genoemd wordt (Alpinia officinarium) *(kentjoer). De variëteit die bij ons laos genoemd wordt, verschilt hier enigszins van. De plant is veel groter (3 m) en de wortels zijn ruim 1 m lang. Laos wordt in Indonesië en Maleisië verbouwd, waar hij gebruikt wordt om een gemberachtige smaak aan curry's en vleesgerechten te geven. De Indonesische naam is laos, de Thaise naam is kha. In toko's kunt u hem onder verschillende namen aantreffen, onder meer als galangawortel of Siamese gember.*

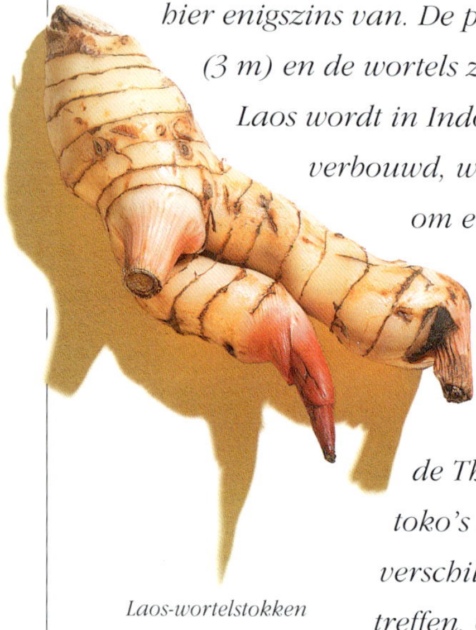

Laos-wortelstokken

HERKOMST EN EIGENSCHAPPEN

De wortelstokken (ondergrondse stengels) worden in de herfst geoogst en voor gebruik gewassen en gedroogd. Ze lijken erg op gemberwortels, smaken scherp en ruiken naar rozen. Ze worden net zo gemalen als gember en kurkuma. In poedervorm maakt laos vaak deel uit van specerijenmengsels.

Rhizomen

Laospoeder kan aan curry's worden toegevoegd.

CULINAIRE TOEPASSINGEN

In poedervorm kunt u laos toevoegen aan curry's en stoofpotten. Omdat de smaak ervan subtieler is dan die van kentjoer (zie blz. 32), is het heel geschikt voor een wat mildere curry. U kunt er ook worstjes mee op smaak brengen. De olie kan geëxtraheerd worden en gebruikt worden als smaakstof in frisdranken, likeuren en bitters. In poedervorm kunt u laos gebruiken in elk recept waar u normaal gesproken verse gember zou nemen.

MEDICINALE TOEPASSINGEN

Laos is een digestief en wordt gebruikt als middel tegen diarree, bij maagkramp en bij incontinentie. In Azië wordt hij gebruikt om ademhalingsproblemen en verstopping te verhelpen en een mengsel van geraspte galangawortel met limoensap beschouwt men in Zuidoost-Azië als een opkikkertje. De Engelse variëteit, de *Cyperus longus*, werd volgens de Britse arts Nicholas Culpeper (1616-1654) gebruikt om "gasvorming te bestrijden, de ingewanden te versterken, koliek en te voorkomen, urine op te wekken en waterzucht te voorkomen". Laos schijnt ook tegen flauwtes te helpen.

RECEPT

Laosthee

Ingrediënten:

- 25 laospoeder
- 2 koppen (5 dl) kokend water

Zet thee van het laospoeder en het water. Laat deze een half uur trekken, zeef hem en laat hem afkoelen. Neem 2 el (30 ml) per keer. Deze thee zou een goed middel tegen leverklachten als hepatitis en cirrose zijn en helpt tegen maag- en darmklachten.

KENTJOER

Alpinia officinarum

Kentjoer

Dit is de sterke Chinese variëteit van de galangawortel. De smaak en de werking zijn veel minder subtiel dan die van laos en de plant wordt maar 1,5 m hoog. Sinds 500 v.Chr. is deze specerij een essentieel onderdeel van Chinese geneeskrachtige kruidenmengsels. Wij kennen deze galangavariëteit onder de Indonesische naam kentjoer.

Herkomst en eigenschappen

Deze galangavariëteit heeft prachtige orchidee-achtige witte bloemen met rode strepen. De wortels worden gewassen en gedroogd en vervolgens tot poeder gemalen. Van buiten zijn ze bruin, van binnen oranje. Deze plant is bekend sinds de tijd van de kruisridders, die hem in de 13e eeuw meebrachten. In de Middeleeuwen werd hij in de keuken en als bestanddeel van parfum gebruikt, maar de specerij raakte in de 18e eeuw uit de gratie. Bij ons wordt kentjoer vrijwel alleen als medicijn gebruikt, maar in China is het nog steeds een belangrijk ingrediënt in soepen en stoofpotten. De smaak lijkt op die van gember.

Culinaire toepassingen

U kunt kentjoer in poedervorm in elk hartig gerecht gebruiken waarin u anders verse gember zou strooien – de smaken lijken erg op elkaar. Verse gember is daarom altijd te vervangen door kentjoer.

Medicinale toepassingen

Kentjoer wordt ingenomen tegen chronische gastritis, spijsverteringsproblemen, maagzweren en reumatiekpijnen. Van het poeder kan een papje gemaakt worden om jeuk en irritatie bij huidaandoeningen te verlichten. Thee die pijn aan het tandvlees verlicht en aften verhelpt, zet u door 25 g kentjoer aan 2 koppen (5 dl) kokend water toe te voegen. Laat de thee een uur trekken. Een eetlepel per keer kan als gorgeldrank en mondwater gebruikt worden. Deze thee helpt ook (1 el per keer) bij winderigheid en indigestie.

Recept

Bhaji van spinazie met kentjoer

Ingrediënten:

- 800 g gekookte spinazie
- 1 middelgrote ui
- 4 el (60 g) boter
- 4 gedroogde rode pepers
- 1 tl komijnzaad
- 2 tl kentjoerpoeder
- zout

Fruit de gesnipperde ui in de boter en voeg de spinazie toe. Voeg pepers, komijn en kentjoer toe en laat het mengsel 10 minuten op laag vuur staan. Voeg zout naar smaak toe.

DILLE

Anethum graveolens

De naam 'dille' komt van het Oud-Noorse woord dilla, dat in slaap wiegen betekent – dille heeft inderdaad een licht kalmerende werking. Dillewater wordt al eeuwenlang gebruikt om huilende baby's of baby's met kramp te sussen. In de Middeleeuwen werd dille beschouwd als een magisch kruid en werd het gebruikt om hekserij te bestrijden. Het werd eveneens gebruikt in liefdesdrankjes. Zowel het zaad als de blaadjes worden gebruikt. In Amerika werd dille pas in de 19e eeuw geïntroduceerd. Nu wordt het voornamelijk op het westelijk halfrond geteeld.

Dillezaad

Dilleblaadjes

HERKOMST EN EIGENSCHAPPEN

Dille is een inheemse plant in Noord-Europa en Rusland, maar wordt in de hele wereld verbouwd. Het is een lange, spichtige plant die bijna 2 m hoog wordt, met dunne stengels en fijne blaadjes. De kleine gele bloemen veranderen aan het eind van de zomer in gevleugelde zaadjes. Zowel de bloemen als de zaadjes worden geoogst.

Culinaire toepassingen

De smaak van dillezaad is sterk en lijkt op die van karwij. Het kan gebruikt worden voor cakes en nagerechten, en als specerij in inmaakazijn. De blaadjes hebben een minder sterke smaak en zijn iets minder bitter. Voeg fijngehakte dille toe aan visgerechten, salades en sauzen op basis van zure room. Als u ze aan warme gerechten wilt toevoegen, doe dit dan op het laatste moment, anders verdwijnt de smaak.

Medicinale toepassingen

Dille is rijk aan zwavel, kalium en natrium en wordt door deskundigen als een volstrekt veilige plant beschouwd. Tegen buikpijn laat u 1 tl gedeeltelijk gekneusd dillezaad 2 uur in 1 glas kokend water trekken. Zeef het water en voeg voor de smaak honing toe. Laat het volledig afkoelen voordat u het met 1 tl tegelijk aan een baby geeft. Ook volwassenen met buikpijn hebben baat bij dillewater, omdat het zaad helpt bij de spijsvertering. Men zegt dat het ook de eetlust opwekt en de melkproductie bij zogende moeders bevordert. Op de zaadjes kan worden gekauwd om de adem te verfrissen en om de spijsvertering te verbeteren.

Oogst & opslag

U kunt de verse blaadjes op elk gewenst moment plukken, maar u moet de zaadjes oogsten als de bloemschermen deels bloem, deels zaad zijn. Hang de bloemschermen ondersteboven op een droge plaats, met een doek eronder om de zaadjes op te vangen. Zaai ze in een zonnige, beschutte tuin. Plant ze uit de buurt van venkel, omdat er dan kruisbestuiving plaats kan vinden.

Dille (Anethum graveolens)

SELDERIJ

Apium graveolens

De gecultiveerde bleekselderij uit Italië die wij sinds de 17e eeuw kennen, is afkomstig van de kleine wilde selderij die overal in Europa in riviermondingen en zoute moerassen groeit. Wij zouden wilde selderij, die eens als medicijn gebruikt werd, erg bitter vinden, maar de Romeinen gebruikten hem als smaakstof. Ze associeerden de plant ook met ongeluk en dood en gebruikten de bladeren in rouwkransen. De knapperige stengels en de blaadjes van gecultiveerde selderij kunnen verwerkt worden in salades of gekookt worden in stoofschotels. De zaadjes van de wilde selderij worden als specerij gebruikt. Ze zijn aromatisch, maar bitter.

Selderijstengels

HERKOMST EN EIGENSCHAPPEN

Zaadjes van wilde selderij zijn aangetroffen in de graftombe van Toetanchamon. Culpeper zegt dat het zaad "mensen met waterzucht en geelzucht helpt en vrouwenkwalen verlicht", dat de blaadjes dezelfde werking hebben en "als ze in de lente worden gegeten, het bloed zuiveren en helpen tegen scheurbuik".

Selderijzout

Culinaire toepassingen

De zaadjes van wilde selderij zijn sterk en bitter van smaak, dus hebt u er maar weinig van nodig. Ze kunnen in hun geheel in soepen en stoofschotels gebruikt worden, en gemalen en gemengd met zout als smaakstof dienen. Voor selderijthee mengt u ½ tl gemalen zaadjes met 1 kop (2,5 dl) kokend water. Laat de thee 10 minuten trekken en drink hem warm. Met een sapcentrifuge kunt u het sap uit gecultiveerde bleekselderij halen. Selderijzout, een mengsel van zout en etherische olie, is alom verkrijgbaar, maar wordt snel ranzig.

Medicinale toepassingen

Een zalfje voor extern gebruik tegen schimmelinfecties wordt gemaakt van het blad. Het innemen van de zaadjes in kleine hoeveelheden verlicht de pijn van jicht, artritis en infecties aan de urinewegen. Op de zaadjes van gecultiveerde selderij kunt u kauwen of u kunt ze in hun geheel doorslikken om de bloeddruk te verlagen, de spijsvertering te bevorderen en reuma te behandelen.

Verbouwen

Om uw eigen wilde of gecultiveerde selderij te verbouwen, plant u de zaadjes in de lente in rijke, vochtige aarde op een zonnige, maar beschutte plaats. De planten houden niet van vorst en bloeien pas in het tweede jaar. Als ze eenmaal gebloeid hebben, komen er genoeg zaadjes. De stengels van gecultiveerde selderij kunt u het beste in het najaar oogsten, na de eerste vorst.

Waarschuwing

De zaadjes die in de winkel verkrijgbaar zijn, zijn niet geschikt voor medicinale doeleinden, omdat ze waarschijnlijk behandeld zijn met bestrijdingsmiddelen.

Selderij (Apium graveolens)

MIERIKSWORTEL

Armoracia rusticana

Mierikswortel stamt uit Oost-Europa en is een plant waarvan de wortel op verschillende manieren voor de bereiding van voedsel kan worden gebruikt. U moet de plant wel in de gaten houden, want hij verspreidt zich snel en is moeilijk uit te roeien. De wortel heeft een buitengewoon krachtige smaak. Hij wordt gebruikt voor de welbekende mierikswortelsaus, waarbij de combinatie van ingrediënten het beste van de wortel naar boven haalt. Een eigengemaakte saus heeft veel meer smaak dan een kant-en-klare.

Gemalen mierikswortel

Herkomst en eigenschappen

Mierikswortel is een overblijvende donkergroene plant met witte bloemen. Het jonge blad kan in de keuken worden gebruikt, maar de meeste mensen zullen alleen de wortel kennen. Deze moet vers verwerkt worden en is niet lang houdbaar.

Mierikswortelsaus

Culinaire toepassingen

De verse wortel veroorzaakt tranende ogen en heeft een krachtige, sterke smaak. Hij moet geraspt worden –pas op dat u geen sap in uw ogen krijgt– en gemengd worden met slagroom en azijn. De saus past goed bij vis en –erg Engels– bij rosbief. Ook lekker bij hardgekookte eieren en gerookte makreel. U kunt de smaak iets milder maken door er geraspte appel aan toe te voegen. De saus kan verwarmd worden, maar doe dit heel voorzichtig, omdat hitte de oliën die voor de scherpe smaak zorgen, kan doen vervliegen.

Medicinale toepassingen

Mierikswortel is een middel dat de urinevorming bevordert. Het bevordert ook transpiratie, wat bij sommige ziekten met koorts van pas kan komen, en er kan een zalfje voor extern gebruik bij ontstoken wonden, artritis en pleuritis van gemaakt worden. Mierikswortel verwarmt de huid, hetgeen in sommige omstandigheden irritaties kan veroorzaken. Ook bij een te grote orale dosis kan het braken en allergische reacties tot gevolg hebben. In kleine hoeveelheden ingenomen verlicht het jicht, artritis en infecties aan de urine- en luchtwegen. Niet gebruiken bij maagzweren of schildklieraandoeningen.

Mierikswortel (Armoracia rusticana)

MOSTERD

B. nigra, B. juncea, B. hirta

De mosterdplant is zo veelzijdig dat u eigenlijk helemaal geen andere specerijen nodig hebt in de keuken. Brassica nigra *is zwarte mosterd, die niet meer op grote schaal verbouwd wordt en vervangen is door de* B. juncea, *bruine mosterd. In de Middeleeuwen was mosterd de enige specerij die de grote massa zich kon veroorloven. Er zijn een paar aardige spreekwoorden waarin mosterd voorkomt: 'weten waar Abraham de mosterd haalt', 'iemand door de mosterd halen' en 'mosterd na de maaltijd'.*

Zwart mosterdzaad

Bruin mosterdzaad

HERKOMST EN EIGENSCHAPPEN

Mosterd wordt al zo lang verbouwd dat we niet zeker weten waar de plant oorspronkelijk vandaan komt, maar waarschijnlijk uit het Oostelijke Middellandse-Zeegebied, waar het als onkruid groeit en als paardenvoer gebruikt wordt. Het is een spichtige plant die 1 m hoog wordt, met heldergele bloemen. De zaadjes zijn meestal bruin of bruinrood. Echte mosterd werd oorspronkelijk met vers druivensap, oftewel most gemaakt, van het Latijnse woord *mostum*, waar hij zijn naam aan ontleent.

Mosterd in een vinaigrette

Culinaire toepassingen

Het jonge blad kan als groente klaargemaakt worden en de bloemen kunnen aan zomerse salades worden toegevoegd. De zaadjes worden gemalen en gebruikt voor mosterd, die gegeten kan worden bij vele gerechten, zoals koud vlees en kaas, en in sauzen van warme gerechten en vinaigrette verwerkt kan worden. Een beetje mosterd geeft een pikante smaak aan een pastasaus of gegratineerde bloemkool. Mosterdpoeder krijgt smaak als het gemengd wordt met koude vloeistof; bij vermenging met warme vloeistof boet het aan kracht in. De zaadjes kunnen gebruikt worden in hete curry's of bij het inmaken (zie blz. 158).

Medicinaal gebruik

Mosterdwindsels werden vroeger gebruikt om reumatiek, spierpijn en winterhanden en -tenen te behandelen. Bij verstuikingen kunt u doeken in mosterd dopen en om uw voeten winden. Mosterdwindsels geven ook verlichting bij hoofdpijn en verkoudheid. Met koud water is het effect optimaal.

Mosterd (Brassica nigra) *in bloei.*

Waarschuwing

Mensen met een gevoelige huid moeten voorzichtig zijn met mosterdwindsels; ze kunnen blaren veroorzaken. In grote hoeveelheden kan mosterd tot braken leiden.

KAPPERTJES

Capparis spinosa

In Zuid-Europa worden ingemaakte kappertjes al ruim 200 jaar gegeten. De kenmerkende smaak is afkomstig van het zuur dat zich ontwikkelt als de bloemknoppen in azijn worden ingelegd. Kappertjes worden veel gebruikt in de Noord-Afrikaanse keuken en in het hele Middellandse-Zeegebied; vooral op Sardinië zijn ze geliefd. Ook het Westen begint het kappertje te ontdekken, in een salade of op de pizza.

Kappertjes

Bloem van Capparis spinoza

HERKOMST EN EIGENSCHAPPEN

Kappertjes groeien in het hele Middellandse-Zeegebied in het wild, als onkruid. De plant heeft dikke, glanzende bladeren en bloemen met paarse meeldraden en witroze bloemblaadjes. De bloemen hebben een korte levensduur. De mooie plant kan in een gematigd klimaat onder glas gekweekt worden.

Culinaire toepassingen

De ingelegde bloemknopjes worden gebruikt in ovenschotels, stoofpotten en in ravigotte- en remouladesaus. Ze smaken goed bij vis die veel olie bevat en bij zoute gerechten, zoals gezouten vlees of vis. Kappertjes vormen een onverwachte, frisse toevoeging aan veel gerechten. U kunt ze met peterselie over uw biefstuk strooien of in een tapenade, een mediterrane olijvenpasta, verwerken. Evenals in caponata, een Sardinisch gerecht met aubergines en tonijn.

Kappertjes zijn een essentieel onderdeel van tapenade.

Medicinaal gebruik

Kappertjes kunnen de spijsvertering bevorderen, de eetlust opwekken en een algemeen gevoel van vitaliteit en welbevinden bewerkstelligen. Ze helpen bij maaginfecties en diarree. Van de bloemknoppen kan thee worden getrokken die helpt tegen hoesten.

Bewaren

Bewaar kappertjes in een luchtdichte glazen pot. Zorg ervoor dat ze onder het vocht staan waarin ze zijn ingemaakt, anders drogen ze uit en verliezen ze hun smaak. Bewaar ze op een donkere plaats.

Recept

Kappertjessaus

Ingrediënten:

- 1 el bloem
- 1 el boter
- 1 kop (2,5 dl) melk
- 1 el gehakte kappertjes
- 1 tl azijn waarin de kappertjes zijn ingelegd

Smelt de boter en roer de bloem er geleidelijk door. Voeg de melk al roerend in gedeelten toe, tot de saus de gewenste dikte heeft. Voeg kappertjes en azijn toe.

PAPRIKA

Capsicum annuum

Net als bij pepers is de Latijnse naam voor paprika afkomstig van het woord capsa, dat 'doos' betekent. Een paprika is een doos vol zaadjes. Paprika's zijn milder dan pepers en kunnen zonder nadelige gevolgen rauw gegeten worden. Als ze helder, fris vruchtvlees hebben, zijn ze vers en heerlijk sappig.

Paprika's

HERKOMST EN EIGENSCHAPPEN

Paprika's komen van oudsher uit het tropische deel van Amerika, maar worden nu overal ter wereld in warme klimaten geteeld. Ze groeien aan struiken van ca. 1 m hoog, met witte bloemen. De vrucht is eerst groen en wordt tijdens het rijpen rood of geel. Onrijpe paprika's kunnen net zo klaargemaakt worden als gele of rode paprika's.

Culinaire toepassingen

Paprika's kunnen in ringen gesneden aan salades worden toegevoegd of zelf een salade vormen. U kunt ze ook bakken en aan sauzen toevoegen. Verwijder de zaadjes voor gebruik. Van gedroogd en fijngemalen vruchtvlees wordt paprikapoeder gemaakt (zie blz. 500). Controleer voor het bereiden of de paprika geen zachte plekken of bruine of zwarte plekjes heeft, want ze bederven snel. Paprika's kunnen uitstekend worden ingemaakt of in chutney verwerkt worden. Samen met courgettes en aubergines vormen ze het hoofdbestanddeel van ratatouille (aubergine, courgette, paprika, tomaat etc., gebakken in olijfolie). Rode paprika's zijn het zoetst, de groene kunnen bitter zijn. U kunt ze 2-3 minuten blancheren om de smaak te verbeteren. U kunt paprika's ook grillen tot ze blaren vertonen en vervolgens als bijgerecht eten.

Paprika's (Capsicum annuum)

Medicinale toepassingen

Paprika's bevatten veel vitamine C, dus zijn ze erg gezond. Ze hebben ook antiseptische eigenschappen en kunnen de spijsvertering bevorderen.

Recept

Andalusische gazpacho

Ingrediënten:

- 4 groene paprika's
- 4 grote tomaten
- ½ komkommer (vruchtvlees)
- 150 g broodkruim
- 2,5 dl olijfolie
- 1 l water
- zout en zwarte peper
- 2 teentjes knoflook, fijngehakt
- 1 tl witte-wijnazijn

Snijd de paprika's, tomaten en komkommer in stukjes. Pureer ze samen met de olijfolie en het broodkruim in de keukenmachine. Meng met het water en voeg zout en peper, knoflook en azijn toe. Laat het mengsel afkoelen in de koelkast en serveer het koud.

PEPERS

Capsicum frutescens

Hoewel pepers familie zijn van de paprika, zijn pepers veel scherper. Het Latijnse woord capsa *betekent 'doos'; een peper is een doos met zaadjes. Pepers hebben verschillende kleuren: rood, paars, gebroken wit, groen en zelfs zwart. Men zegt dat de kleinste pepers het heetste zijn, maar pas op: de grote kunnen ook verschrikkelijk heet zijn.*

Pepers zijn er in allerlei kleuren en vormen.

HERKOMST EN EIGENSCHAPPEN

Pepers zijn in Europa geïntroduceerd door Spaanse ontdekkingsreizigers die uit Zuid-Amerika terugkeerden en worden nu overal ter wereld verbouwd. Er is bewijsmateriaal dat ze de afgelopen 9000 jaar in Midden- en Zuid-Amerika verbouwd en gebruikt zijn. Ze kunnen in gematigde klimaten gekweekt worden, maar hebben dan kunstmatige verwarming nodig. De planten worden 2 m hoog, met kleine, smalle vruchten, die in gedroogde vorm het hoofdbestanddeel vormen van cayennepeper en tabasco. De verse pepers worden veel in de Mexicaanse keuken gebruikt. Meestal worden de zaadjes voor gebruik verwijderd. Bewaar pepers niet te lang.

Chilivlokken

Gedroogde pepertjes

Een aantal sauzen met pepers.

CULINAIRE TOEPASSINGEN
Verse pepers worden verwerkt in veel Mexicaanse gerechten, onder andere guacamole. Ze kunnen geroosterd worden tot het vel blaren vertoont. U kunt pepers afspoelen onder koud stromend water om de hete smaak te verminderen. In India gebruikt men pepers voor pikante curry's. Chilipoeder is een mengsel van cayennepeper (een mix van kleine, rijpe pepers van verschillende herkomst), komijn en majoraan of knoflook.

MEDICINALE TOEPASSINGEN
Pepers worden gebruikt om het lichaam op te peppen, ze helpen bij de spijsvertering en zouden de eetlust opwekken. Ze verwarmen bij verkoudheid en hebben goede antibacteriologische eigenschappen.

Pepers zijn de vruchten van de Capsicum frutescens.

WAARSCHUWING
Pepers kunnen de ogen en de huid sterk irriteren. Gebruik daarom rubberen handschoenen als u verse pepers bereidt. Spoel eventueel sap dat in aanraking is gekomen met uw huid direct af met koude melk of water en zeep. Als u het in uw ogen krijgt, moet u uw ogen met veel koud water spoelen. Grote hoeveelheden pepers kunnen de slijmvliezen beschadigen en spijsverterings- en nierproblemen veroorzaken.

CAYENNEPEPER

Capsicum longum

Cayennepeper bestaat uit gedroogde pepers die tot poeder zijn gemalen. Dit is de basis voor onder andere chilipoeder. In India heet deze specerij lal mirch en in Zuidoost-Azië pisihui. Cayennepeper wordt ook gebruikt in zalfjes voor de behandeling van winterhanden, spit en zenuwpijn, omdat het capsaïcine bevat, een stof die bij huid-contact de bloedcirculatie bevordert. Zoals de naam al suggereert, is de capsicum longum *lang, dun en zeer heet.*

Cayennepeper

HERKOMST EN EIGENSCHAPPEN

Van cayennepeper wordt gezegd dat het gebruikt werd door de koks van de veedrijvers op de vlakten van Texas om minder smakelijk vlees te bereiden – bijvoorbeeld ratelslang. Veel van deze koks zaaiden zaadjes langs de routes, zodat ze later in het jaar verse kruiden en specerijen konden oogsten. Daarom groeien er zoveel specerijen in het wild in de Verenigde Staten. Enkele hiervan zijn waarschijnlijk van origine geen inheemse planten.

CULINAIRE TOEPASSINGEN

Cayennepeper wordt gebruikt in pittige gerechten als chili con carne. Cayenne kunt u gebruiken in elk vleesgerecht dat u heter wilt maken, zonder dat u smaak hoeft toe te voegen. U kunt ook een mespuntje door sauzen en mayonaise (in plaats van mosterd) roeren om wat kleur toe te voegen.

MEDICINALE TOEPASSINGEN

Van cayenne kan een hete, pikante thee worden getrokken die de eetlust bevordert, buik- en maagpijn verlicht en krampen vermindert. Een zalfje met cayenne schijnt reumatiek en jicht te verlichten.

RECEPT

Chili con carne

Ingrediënten:

- 400 g kidneybonen
- 1 kleine ui
- 10 g boter
- 1 teentje knoflook, geperst
- 750 g rundergehakt
- 200 g fijngesneden tomaten
- 2 tl cayennepeper

Over de vraag of er bonen en cayennepeper of verse pepers in dit gerecht horen, lopen de meningen uiteen. U kunt het zelf uitproberen. Zet de bonen 1 nacht in de week en spoel ze af. Kook ze 10 minuten en spoel ze opnieuw af. Kook ze in gezouten water gaar. Laat ze uitlekken en afkoelen. Snipper de ui en fruit hem samen met het knoflook in de boter. Voeg het gehakt toe en bak het bruin en rul. Voeg tomaten, bonen, cayennepeper, zwarte peper en zout toe. Laat de chili 2 uur zachtjes koken, tot hij is ingedikt.

WAARSCHUWING

Een zalf met cayennepeper kan bij mensen met een gevoelige huid irritatie veroorzaken.

PAPRIKAPOEDER

Capsicum tetragonum

Paprikapoeder wordt gemaakt van gedroogde, gemalen paprika's. Idealiter is dat het enige bestanddeel. Paprikapoeder heeft meer smaak –enigszins pikant en nogal zoet– en is veel minder heet dan cayennepeper. Het is direct herkenbaar aan de helderrode kleur en is een belangrijk ingrediënt in goulash en andere gerechten uit Hongarije. Paprikapoeder is een kleurrijke toevoeging aan verschillende soorten voedsel, waaronder vleesgerechten, groente en specerijenmengsels. Het zit onder meer in cajunkruiden.

Paprikapoeder

HERKOMST EN EIGENSCHAPPEN

Veel mensen denken dat Hongarije het land van herkomst van paprikapoeder is, maar eigenlijk hebben de Turken het daar geïntroduceerd. Paprika is een Hongaars woord en paprikapoeder wordt in Hongarije met bijna religieuze eerbied behandeld. Het wordt gemaakt van uitsluitend rode paprika's. Paprikapoeder buiten Hongarije is nogal flauw van smaak. De bitterheid ervan is afhankelijk van de hoeveelheid zaadjes die het poeder bevat. Het is het beste om alleen het gedroogde vruchtvlees te gebruiken. Hoe lichter van kleur de paprika's zijn, hoe heter het poeder.

Paprikapoeder wordt gebruikt om gerechten kleur te geven.

CULINAIRE TOEPASSINGEN

Paprikapoeder wordt in heel Europa gebruikt, vooral in Portugal en Spanje, maar de Hongaren spannen de kroon. Het is geschikt in tal van gerechten: soepen, groente, kip-, vlees- en visschotels. Zijn internationale bekendheid dankt paprikapoeder aan de Hongaarse goulash, een stoofgerecht van rundvlees. Omdat paprikapoeder niet lang houdbaar is, kunt u het beste kleine hoeveelheden kopen. U kunt het ook als garnering gebruiken of in sauzen bij schelpdieren of garnalen. Het smaakt ook lekker bij kreeft en krab.

MEDICINALE TOEPASSINGEN

In 1926 maakte een Hongaarse scheikundige voor het eerst vitamine C vrij uit paprikapoeder. Ironisch, als we bedenken dat de zeelieden die op de specerijenroutes voeren scheurbuik kregen, dat wordt veroorzaakt door vitamine C-gebrek. Ze hadden gewoon paprika's kunnen eten. De verwarmende eigenschappen van paprikapoeder bieden uitkomst bij verkoudheid. Omdat paprikapoeder rijk is aan vitamine C, lijkt het een perfect anti-griepmiddel.

SAFFLOER

Carthamus tinctorius

Saffloer klinkt als een ver familielid van saffraan, maar dat is niet waar. Saffloer is een op zichzelf staande specerij, die door minder scrupuleuze handelaars wel als saffraan wordt verkocht. Het heeft een iets minder heldere kleur dan saffraan en neigt iets meer naar oranje. Deze specerij wordt dan ook gebruikt om de oranje gewaden van boeddhisten te verven. De bloemen geven in combinatie met water gele en met alcohol rode kleurstof. Saffloer voegt alleen kleur toe aan voedsel, geen smaak.

Saffloer

Herkomst en eigenschappen

Saffloer wordt al zo lang verbouwd dat de herkomst moeilijk te achterhalen is. Het is gevonden in Egyptische graftombes die dateren van ten minste 3500 v.Chr. en wordt in China al erg lang als medicijn gebruikt. De oranjegele bloemen worden gebruikt om thee van te trekken en dienen als vervanging van saffraan. De olie die uit de zaadjes wordt gewonnen, wordt gebruikt in de keuken en de zaadjes zelf kunt u malen en als specerij gebruiken.

Culinaire toepassingen

Saffloerolie heeft een laag cholesterolgehalte en is dus zeer geschikt voor een cholesterolarm dieet. U kunt de bloemen in elk recept gebruiken in plaats van saffraan – ze smaken iets bitterder, maar zijn aanzienlijk goedkoper.

Saffloer is zeer veelzijdig.

Medicinale toepassingen

Van de bloemblaadjes kan thee worden getrokken die laxerend werkt, transpiratie bevordert en koorts verlaagt. Saffloerthee is ook goed voor mensen met hart- en vaatziekten, bij problemen in de menopauze en tijdens de menstruatie, maar mag niet gedronken worden door zwangere vrouwen. De thee kan de symptomen van geelzucht en mazelen verminderen. Een zalfje van de bloemen wordt gebruikt bij huidirritaties en bij kneuzingen en verstuikingen. De bloemen zouden bij extern gebruik ook pijn in de gewrichten verlichten.

> **Waarschuwing**
> Gebruik geen saffloer tijdens de zwangerschap.

Bewaren

De bloemen zijn een jaar houdbaar en zijn op hun best als ze nog redelijk vers zijn. Ze voegen een prachtige kleur toe aan potpourri en zijn zodoende, ondanks het gebrek aan geur, zeer de moeite waard.

Recept

Saffloerthee

Ingrediënten:

- 1 tl saffloerbloemen
- 2,5 dl kokend water

Laat de bloemen in het water trekken. Warme thee bevordert transpiratie. Koud werkt hij kalmerend bij hysterie.

KARWIJ

Carum carvi

Dit kleine, onooglijke plantje kent onvoorstelbaar veel toepassingen. Het werd vroeger hoog gewaardeerd als tovermiddel tegen hekserij en demonen, en omdat men geloofde dat iets wat karwij bevatte niet gestolen kon worden, voerde men karwij aan de duiven, zodat ze niet kwijtraakten. Karwij zou ook giftige slangenbeten genezen, haaruitval voorkomen en het gezichtsvermogen verbeteren. Men geloofde dat als een vrouw een paar karwijzaadjes in de broekzak van haar man stopte, zijn hart niet door een ander gestolen kon worden.

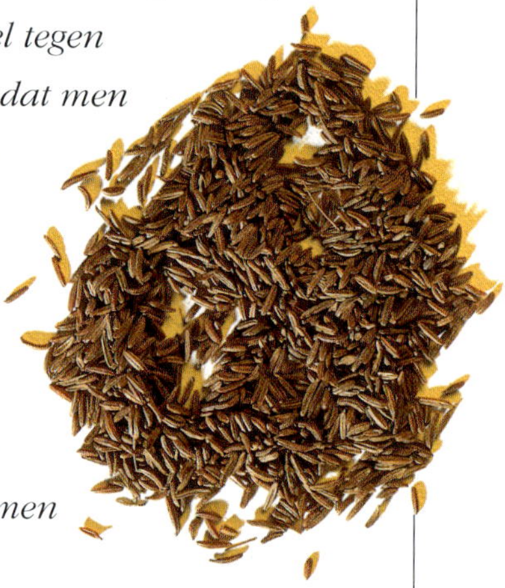

Karwijzaad

Karwij (Carum carvi)

HERKOMST EN EIGENSCHAPPEN

Karwij groeit in heel Europa en Azië in het wild en de laatste jaren ook in Amerika en Engeland. In Nederland en in Rusland wordt karwij op grote schaal verbouwd. De plant wordt maar 20 cm hoog en heeft witte of roze bloemen.

Culinaire toepassingen

De blaadjes kunnen worden verwerkt in salades of fijngesneden aan groentegerechten worden toegevoegd. In warme sauzen lijkt de milde smaak van de blaadjes enigszins op die van peterselie. De blaadjes en de stengels kunnen meegekookt worden in soepen en stoofpotten. Als de bloemen vroeg geplukt worden, worden de penwortels zo groot dat ze als groente, die de smaak van koolraap heeft, bereid kunnen worden. De zaadjes worden als smaakstof in snoepgoed en de olie wordt voor bepaalde likeuren gebruikt. De gemalen zaadjes zijn een bestanddeel van kerriepoeder en worden verwerkt in gebak, brood en koekjes. Karwij is erg populair in Duitsland en Scandinavië. Licht geroosterde zaadjes zijn lekker bij appel of kaas. De zaadjes worden zelfs in suiker gedoopt en als snoepgoed gegeten.

Medicinale toepassingen

Op de zaadjes wordt gekauwd bij indigestie, buikkramp en menstruatiepijn. Van de blaadjes wordt thee getrokken die buikkrampen, gasvorming en indigestie vermindert.

Recept

Satésaus

Ingrediënten:

- 1 middelgrote ui, gesnipperd
- 200 g geroosterde pinda's
- 3 teentjes knoflook, geperst
- 1 tl karwijzaad
- 4 tl korianderzaad
- 3 tl kurkuma
- ½ tl cayennepeper
- 250 g gemalen kokos
- 2 el sojasaus
- 1 tl honing
- 5 dl water

Meng alle ingrediënten in de keukenmachine. Laat het mengsel een half uur rusten. Gebruik het als saus of marinade voor vlees.

CASSIA

Cinnamomum cassia

De bast van de cassia, ook wel Chinese kaneel genoemd, is een soort kaneel. In Amerika wordt hij verkocht onder de naam kaneel en in veel landen zijn cassia en kaneel onderling verwisselbaar. Ze zijn wel familie van elkaar, maar de smaak verschilt. Cassia smaakt minder subtiel. Het is een van de oudste kruiden die als medicijn werden gebruikt. Men gebruikte het voor het eerst in 2700 v.Chr. in China en in 1600 v.Chr. in Egypte.

Cassiabast

In China wordt het kruid gui zhi genoemd. De plant is inheems in Assam en Noord-Myanmar.

Herkomst en eigenschappen

Cassia groeit in de meeste Aziatische landen. De bast wordt gedroogd en tot poeder gemalen of verwerkt in thee of tincturen. Uit de twijgjes en de bladeren wordt olie gedestilleerd. Cassia-olie is een belangrijk product in de farmaceutische en de voedselindustrie. Hij wordt ook voor cosmetica gebruikt. De knoppen worden geoogst en gedroogd als smaakstof voor etenswaren. Ze lijken op kruidnagels.

Culinaire toepassingen

In de Verenigde Staten wordt cassia als zoete specerij gebruikt in gebak; in Azië brengt men er curry's en andere hartige gerechten mee op smaak. Cassia is een van de vijf ingrediënten van het Chinese vijfkruidenpoeder (de andere zijn anijs, steranijs, kruidnagel en venkelzaad). Dit mengsel wordt gebruikt voor vlees, gevogelte en marinades. De smaak van steranijs overheerst hierin.

Chinees vijfkruidenpoeder

Medicinale toepassingen

Volgens de Chinese geneeskrachtige-kruidenleer is *gui zhi* goed tegen diarree, slechte eetlust, verkoudheid, reumatiek, angina, hartkloppingen en spijsverteringsproblemen. In het Westen zit cassia in middelen tegen verkoudheid en wordt het gebruikt om slechte spijsvertering, winderigheid en buikkrampen te behandelen.

Andere toepassingen

Cassia wordt soms beschouwd als een niet al te beste vervanging voor kaneel. Hij heeft een sterkere smaak. Sommige mensen vinden hem geschikter dan kaneel voor snoepgoed en bisschopswijn. De bloemen en de gedroogde bast kunnen deel uitmaken van potpourri. In Amerika noemt men cassia kaneel en in Frankrijk heeft men maar één naam voor de twee boombasten: *canelle*. Cassia is veel dikker en ruiger dan kaneel en bestaat vaak uit ongerolde stukken, terwijl kaneel in de vorm van stokjes te koop is.

Potpourri maken

KANEEL

Cinnamomum zeylanicum

De gedroogde, binnenste bast van de kaneelboom is al tientallen eeuwen een gewaardeerde specerij. De Fenicische handelaars introduceerden kaneel waarschijnlijk in het Verre Oosten, waar hij sinds de tijden van het oude testament als geurstof wordt gebruikt – Mozes gebruikte hem als ingrediënt voor de zalfolie van het tabernakel. Sinds de 9e eeuw wordt kaneel in heel Europa gebruikt. De kaneel die wij tegenwoordig gebruiken, komt van Sri Lanka.

Kaneelstokjes

HERKOMST EN EIGENSCHAPPEN

Deze altijdgroene boom kan in zijn natuurlijke habitat erg hoog worden. De geurige bladeren zijn lang en donkergroen, en hebben een lichter gekleurde onderkant. De kleine, gele bloemen worden donkerpaarse bessen. De bast wordt gebruikt. Kaneel kan van zaad worden opgekweekt of gestekt worden. De uitlopers worden elke 2-3 jaar gesnoeid, waarna de bast wordt verwijderd en 1 dag te drogen wordt gelegd. Het buitenste deel van de bast wordt verwijderd en het binnenste krult terwijl het droogt vanzelf op.

Gemalen kaneel

Culinaire toepassingen

In warme, kruidige drankjes als punch en bisschopswijn wordt altijd kaneel gebruikt. Kaneelstokjes kunnen ook in stoofschotels en fruitsalades gebruikt worden of kunnen meetrekken bij het maken van andere warme dranken.

Medicinale toepassingen

Kaneel stimuleert de klieren en wordt gebruikt om maagklachten te verzachten. Hij geeft warmte en is dus geschikt bij verkoudheid, griep en keelpijn.

Cinnamomum zeylanicum *wordt erg hoog.*

Bewaren

Kaneel kan het beste in stokjes worden gekocht, maar bestaat ook in poedervorm. Gemalen kaneel heeft een sterkere smaak, maar moet in een luchtdicht glazen potje bewaard worden, omdat hij snel zijn geur verliest. De beste kwaliteit is afkomstig van de dunste bast, die de lekkerste geur en smaak heeft.

KORIANDER

Coriandrum sativum

Koriander is een kleine, eenjarige plant die in het Middellandse-Zeegebied in het wild groeit. Zowel de blaadjes als de zaadjes kunnen gegeten worden. Koriander werd in 600 v.Chr. in China geïntroduceerd, waar het 'hu' werd genoemd, dat 'vreemd' betekent. De plant wordt tegenwoordig in de meeste delen van de wereld verbouwd. Korianderzaad wordt gebruikt in groentegerechten, bij het inmaken en in curry's. De naam koriander is afkomstig van het Griekse woord koros, dat 'ongedierte' of 'insect' betekent, omdat de plant een onaangename geur heeft voordat hij volgroeid is.

Koriander

Gemalen koriander

HERKOMST EN EIGENSCHAPPEN
Koriander gedijt op elke goed gedraineerde bodem, zolang het maar zonnig is. De plant wordt 70 cm hoog en heeft fijne roze en witte bloemetjes. Korianderplanten in warme klimaten hebben veel grotere vruchten dan planten die in gematigder streken worden verbouwd.

Culinaire toepassingen

In het Midden-Oosten en in Azië, vooral in China, worden de blaadjes in hartige gerechten gebruikt; de zaadjes gebruikt men voor het inmaken. In Thailand gebruikt men de wortels in combinatie met knoflook. De zaadjes kunnen in hun geheel worden gebruikt bij het bereiden van vis en het bakken van brood en gebak. Gemalen zaadjes kunnen worden toegevoegd aan worstjes, curry's en geroosterd vlees. In India roostert men de zaadjes licht voor ze gemalen worden. De zaadjes zijn enigszins zoet en hebben een citrusachtige smaak.

Korianderzaad

Gedroogde koriander

Medicinale toepassingen

Korianderblad wordt gebruikt bij spijsverteringsproblemen en de zaadjes kunnen de pijnlijke krampen van sommige laxeermiddelen verminderen. Korianderzalf wordt extern gebruikt bij aambeien en pijnlijke gewrichten. Koriander stimuleert de eetlust en ontspant de ingewanden.

Cosmetische toepassingen

U kunt een goede aftershave maken door korianderzaad te laten trekken in alcohol en oranjebloesemwater toe te voegen. Als de zaadjes eind zomer zijn geoogst en gedroogd voor gebruik, geven ze hun geur af. Hoe langer u de zaadjes bewaart, hoe beter de geur.

Koriander (Coriandrum sativum)

SAFFRAAN

Crocus sativus

Saffraan

Ooit was saffraan duurder dan goud en het is nog steeds de kostbaarste specerij ter wereld. Saffraan heeft ook dezelfde kleur als goud: diep, donker goudoranje. De meeldraden van de plant worden met de hand geplukt, wat de reden van de hoge prijs is. Gelukkig is er maar erg weinig van de specerij nodig voor de heerlijke, enigszins bittere smaak die saffraan eigen is.

HERKOMST EN EIGENSCHAPPEN

Saffraan wordt gemaakt van de gedroogde meeldraden van een blauwe krokussoort, die in het land van herkomst, Turkije, met de hand worden geplukt. De plant groeit ook in omringende landen en men zegt dat de beste saffraan uit Valencia komt. Er zijn veel meeldraden (200-500) nodig voor een kleine hoeveelheid (1 g) saffraan. Daarom is het zo duur.

Saffraan is als draadjes en gemalen verkrijgbaar. U kunt het beste draadjes kopen, omdat u daarbij gemakkelijker kunt zien of ze kunstmatig gekleurd zijn. Saffloermeeldraden gaan vaak voor saffraan door, maar deze zijn roder van kleur en hebben niet dezelfde smaak. Kurkuma wordt ook als saffraan verkocht, maar is gemakkelijk herkenbaar: het heeft een totaal andere kleur en smaak.

Culinaire toepassingen

Saffraan wordt al eeuwenlang gebruikt, zowel vanwege de smaak als de kleur. Het is een essentieel ingrediënt in paella, bouillabaisse en risotto Milanese, en, uiteraard, saffraancake. Saffraan kan in zeer uiteenlopende gerechten worden gebruikt. Hij smaakt goed bij schaal- en schelpdieren en komt van pas in sauzen en rijstschotels. Saffraandraden moeten worden gebroken en geweekt in wat heet water. Het gezeefde vocht moet daarna volgens de aanwijzingen in het recept aan het gerecht worden toegevoegd. U kunt de draden ook eerst drogen in de oven en dan verkruimelen boven het gerecht. De draadjes moeten donkeroranje zijn en mogen geen strepen hebben. Gemalen saffraan moet ook voor gebruik geweekt worden. Een mespuntje is genoeg voor een rijstgerecht voor 4 personen.

Saffraan kan dienen als verf.

Medicinale toepassingen

U kunt van saffraan thee zetten, die bekendstaat als verwarmend en troostend. Deze thee is tevens opwekkend en brengt de menstruatie op gang.

Andere toepassingen

Saffraan is ook geschikt als verf. Een kleine hoeveelheid voorziet stof van een mooie, lichtgouden tint.

Waarschuwing

Gebruik alleen de meeldraden van de *crocus sativus*. De erop lijkende herfsttijloos, *colchicum autumnale*, die geen familie is, groeit in de herfst maar heeft giftige meeldraden.

De bloem van de Crocus sativus

KOMIJN

Cuminum cyminum

Komijnzaad

Komijn is inheems in het Midden-Oosten. Komijn wordt verbouwd vanwege de zaadachtige vruchten, die sterk en aromatisch smaken en enigszins op karwij lijken. Komijn wordt veel gebruikt in de Griekse, Turkse en Arabische keuken. De Romeinen gebruikten komijn zoals wij peper gebruiken, maar het bekendste is komijn waarschijnlijk uit de Indiase keuken – deze specerij is onmisbaar in curry's en kip tandoori.

HERKOMST EN EIGENSCHAPPEN

Komijn gedijt goed op een zanderige, goed gedraineerde bodem op een warme, zonnige plaats. De plant wordt ca. 60 cm hoog, heeft heel dunne stengels en roze of witte bloemetjes. Indiase komijn is er in twee soorten – wit (*safed*) en zwart (*kala*).
Zwarte komijn heeft een wat subtielere smaak, maar is duurder en moeilijk verkrijgbaar buiten India.
De vruchten worden geplukt voordat ze helemaal rijp zijn. Ze worden gedroogd en vervolgens gemalen of heel gelaten.

Gemalen komijn

CULINAIRE TOEPASSINGEN

Komijn is een onderdeel van het specerijenmengsel garam masala en wordt vaak in couscousschotels gebruikt (een gerecht van gebroken, gestoomde tarwe met vlees, groente, kikkererwten en rozijnen), dat veel in het Midden-Oosten en Noord-Afrika wordt gegeten. Komijn wordt ook in kaas verwerkt. In het Midden-Oosten worden de zaadjes vaak geroosterd en aan lamsgerechten en bijgerechten op basis van komkommer en yoghurt toegevoegd.

MEDICINALE TOEPASSINGEN

Komijn wordt ingenomen tegen spijsverteringsproblemen en helpt bij maagproblemen die migraine veroorzaken. Komijn is bovendien goed voor de eetlust.

BEWAREN

Omdat gemalen komijn niet lang houdbaar is, kunt u hem het beste in kleine hoeveelheden aanschaffen. Hele zaadjes zijn moeilijk te malen, dus koop zowel hele zaden als gemalen komijn.

RECEPT

Kruidig drankje met komijn

Een digestief uit India, gemaakt van munt, gember, zout, suiker, tamarindewater, citroensap en komijn.

Ingrediënten:

- takje munt
- snufje gemberpoeder
- snufje zout
- 2,5 dl tamarindewater
- citroensap
- suiker
- gemalen komijn

Roer gember, komijn en zout door het tamarindewater. Voeg citroensap en suiker naar smaak toe. Garneer met de muntblaadjes.

KURKUMA

Curcuma longa

Kurkuma (geelwortel) is familie van gember en wordt eveneens uit wortels verkregen. De wortels hebben een helderoranje kleur en worden op dezelfde manier geoogst en verwerkt als gember. Ook kurkuma is als wortel en gemalen verkrijgbaar. De wortels worden eerst gekookt en gedroogd en vervolgens gemalen. Het resultaat is een heldergeel poeder, dat in curry's, mosterd, boter, kaas, drankjes en chutneys gebruikt wordt.

Kurkuma

HERKOMST EN EIGENSCHAPPEN

Kurkuma wordt ca. 50 cm hoog en heeft grote, brede bladeren en gele bloemen. De plant is inheems in India, maar wordt ook in China, op Java, in Peru en uiteraard in India verbouwd, waar jaarlijks 12.000 ton geproduceerd wordt. Het meeste daarvan wordt geexporteerd.

Gemalen kurkuma

CULINAIRE TOEPASSINGEN

Kurkuma is een van de hoofdbestanddelen van kerriepoeder. Kurkuma heeft een sterke kleur, maar een weinig kenmerkende smaak – een lichte, enigszins bittere kerriesmaak. De geur is wel sterk. Kurkuma wordt vaak aan rijst toegevoegd voor de kleur. De naam is afkomstig van het Arabische *kurkum*, dat 'saffraan' betekent. Er is echter een groot verschil: saffraan is veel duurder en heeft een andere smaak. Kurkuma zit in worcestersaus en piccalilly.

Kurkuma is een belangrijk bestanddeel van kerrie.

MEDICINALE TOEPASSINGEN

Kurkuma kan ingenomen worden bij huidproblemen en als de maag van streek is. Hij zou de bloedcirculatie verbeteren en menstruatiepijn verlichten, en wordt in India gebruikt voor leverkwalen, gezwellen in de baarmoeder en geelzucht. Kurkuma bevordert de spijsvertering en de ademhaling en heeft ontstekingsremmende en antiseptische eigenschappen. Verwerkt in zalf is hij nuttig bij wonden, kneuzingen en bij ringworm.

Kurkuma (Curcuma longa)

BEWAREN

Kurkuma wordt meestal als poeder verkocht, omdat de wortel moeilijk te vermalen is. Koop kurkuma in kleine hoeveelheden, omdat hij snel zijn smaak (niet zijn kleur) verliest.

CITROENGRAS

Cymbopogon citratus

Hoewel citroengras nog niet zo lang gebruikt wordt in het Westen, is het bij de meeste toko's wel verkrijgbaar. Soms wordt het in verse of gedroogde vorm verkocht onder de Indonesische naam sereh. De volle citrussmaak is een pittige, frisse toevoeging aan veel gerechten. In Thaise, Maleise en Indonesische gerechten is het een onmisbaar ingrediënt.

Stengels citroengras

HERKOMST EN EIGENSCHAPPEN

Citroengras is afkomstig uit Zuidoost-Azië en is een overblijvend tropisch gras, dat bijna 2 m lang kan worden. Het heeft lange, dunne bladeren die, als ze gesneden worden, zeer geurig zijn. De bloemen zijn groen met een zweempje rood en verschijnen 's zomers in clusters. U kunt zelf citroengras proberen te verbouwen – omdat de temperatuur minimaal 13°C moet zijn, zult u het in de kas moeten kweken. De bladeren voegen een heerlijke geur aan zeep en parfum toe.

Gemalen citroengras

CULINAIRE TOEPASSINGEN
Het binnenste van de bladeren kan worden fijngesneden en toegevoegd aan stoofpotten, ovenschotels en curry's. U moet het zeer fijn snijden en vlak voor het serveren toevoegen. Van de stengels wordt ook poeder gemaakt, dat op kerrie lijkt en in Zuidoost-Azië vooral bij vlees en vis gebruikt wordt. Van de gedroogde bladeren kan thee worden getrokken. De fijngesneden verse blaadjes kunnen dienen als garnering voor drankjes.

COSMETISCHE TOEPASSINGEN
Citroengras wordt veel gebruikt in oliën die een bestanddeel vormen van zeep, omdat het een goede uitwerking heeft op een vette huid.

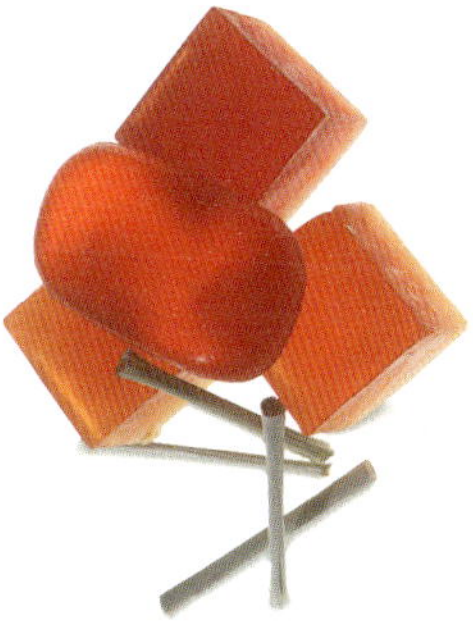

Met citroengras kan zeep worden geparfumeerd.

BEWAREN
Omdat de etherische olie (citral) zijn werking verliest als hij aan licht wordt blootgesteld, dient u citroengras op een donkere plaats te bewaren. Het is niet erg lang houdbaar, dus koop alleen wat u nodig hebt.

MEDICINALE TOEPASSINGEN
Citroengras wordt ingenomen als hulpmiddel bij de spijsvertering voor kleine kinderen en helpt ook bij lichte koorts. Het verjaagt insecten en zalf met citroengras helpt bij ringworm, schurft, luis en, volgens sommigen, voetschimmel.

Citroengras
(Cymbopogon citratus)

KARDEMOM

Elettaria cardamomum

Er bestaan verschillende soorten kardemom, die allemaal familie van de gember zijn en verschillend smaken. De meest voorkomende soort wordt in het zuiden van India gekweekt.

Gedroogde kardemompeulen

Kardemom is een van de oudste en meest gewaardeerde specerijen ter wereld – en na saffraan en vanille de duurste. De Noormannen brachten kardemom in de 11e eeuw naar Engeland, waar het in de Middeleeuwen erg populair was. Kardemom wordt voornamelijk gebruikt in curry's.

Herkomst en eigenschappen

De beste kardemom komt uit de regenwouden van Malabar. Het is een struik van ca. 2 m hoog, met blauwgestreepte bloemen met gele puntjes. In heel India in de tropische bergwouden groeit kardemom in het wild. Kardemom wordt verbouwd op Sri Lanka, in Thailand en Midden-Amerika.

Bruine kardemompeulen

Culinaire toepassingen

Kardemom wordt gebruikt in curry's, worst, brood en gebak. In de Arabische wereld wordt deze specerij als teken van gastvrijheid aan de koffie toegevoegd, omdat hij een van de duurste is. Het is bewezen dat kardemom het effect van cafeïne vermindert of tenietdoet. In Noord-Europa, vooral in Scandinavië, wordt kardemom gebruikt in brood en gebak en bij het inmaken.

Gemalen kardemom

In Azië brengt men curry's ermee op smaak en de hele peulen worden daar als groente gegeten. In India gebruikt men kardemom in curry's en pilav.

Bewaren

Koop kardemom in kleine hoeveelheden, omdat hij snel zijn smaak verliest. Vers of net gemalen heeft hij de geur van eucalyptus, die snel vervliegt – zo kunt u ruiken of de kardemom vers is. Als gemalen kardemom naar kamfer ruikt, hebt u een goedkoop substituut gekocht. U kunt het beste hele peulen kopen en ze zelf malen, aangezien kardemom zijn smaak zo snel verliest dat de kwaliteit van kant-en-klaar gemalen poeder al verminderd is tegen de tijd dat u het koopt.

Kardemombloemen (Elettaria cardamomum) *zijn wit.*

Medicinale toepassingen

Kardemom kan helpen bij problemen met de ingewanden en is een soort antistof bij de verschijnselen van melkallergie. Door zijn warmte werkt de specerij bij ademhalingsproblemen. Daarnaast wordt hij gebruikt om de nieren te activeren.

KRUIDNAGEL

Eugenia caryophyllus

Kruidnagels worden zo genoemd, omdat ze de vorm van een nagel (spijker) hebben. Ze zijn de gedroogde bloemknoppen van de kruidnagelboom, die verwant is aan mirte. Kruidnagels werden in de 4e eeuw bekend in Europa, toen ze uit het Oosten via de specerijenroutes werden geïntroduceerd. De Romeinen en de Grieken gebruikten kruidnagels als medicijn en het is aangetoond dat kruidnagel een van de eerste planten was die in de Chinese geneeskunst werd gebruikt.

Kruidnagels

HERKOMST EN EIGENSCHAPPEN

De kruidnagelboom komt oorspronkelijk van de Molukken, maar wordt nu verbouwd op o.a. de West-Indische eilanden, Madagaskar en in Zanzibar. De boom is groenblijvend, heeft helderrode bloemen en wordt wel 15 m hoog. De bloemknoppen worden gedroogd en worden dan roodbruin. Gedroogde kruidnagels kunnen in hun geheel gebruikt of gemalen worden. De smaak is erg sterk, prikkelend en aromatisch. Gebruik kruidnagel met mate.

Gemalen kruidnagel

Steek kruidnagels in sinaasappels.

ANDERE TOEPASSINGEN

Reukballen van sinaasappels met kruidnagels erin zijn heerlijk geurige decoraties. Steek de kruidnagels in de sinaasappel in een decoratief patroon. Leg de sinaasappel in een kom gemengde specerijen. Dek deze af en laat de geur enkele dagen op een donkere plaats intrekken.

CULINAIRE TOEPASSINGEN

Kruidnagel is een onderdeel van garam masala en kan verder gebruikt worden in curry's, bouillon, sauzen, bij het inmaken, bisschopswijn, appelgerechten, gebak en marinades voor vlees en vis. Het is een erg veelzijdige specerij, die zowel bij hartige als zoete gerechten past. Kruidnagels kunnen een kamer een aangename geur geven. Steek er een paar in sinaasappels en hang ze op. Kruidnagels verdrijven ook insecten, dus gebruik ze in uw klerenkast in plaats van mottenballen.

BEWAREN

Verse kruidnagels bevatten olie. Dat ziet u als u er met uw nagel in drukt. Omdat ze zo aromatisch zijn, moeten ze in een luchtdicht glazen potje bewaard worden. U hebt er maar een paar van nodig – een stuk of zes is genoeg voor een appeltaart.

Kruidnagels zijn de gedroogde, ongeopende bloemknoppen van de Eugenia caryophyllus.

MEDICINALE TOEPASSINGEN

Een kruidnagel in een kies verlicht kiespijn. Kruidnagels stimuleren ook de spijsvertering en geven warmte. Ze kunnen ingenomen worden bij problemen met de ingewanden, misselijkheid en impotentie.

ASAFOETIDA

Ferula assafoetida

Asafoetida is een Aziatische specerij die bij ons bekend is onder de naam duivelsdrek, vanwege de penetrante geur. Buiten India wordt bij weinig gebruikt. De naam is afkomstig van het Perzische aza, dat 'hars' betekent, en het Latijnse fetida, dat 'stinkend' betekent. Het is de hars van een overblijvende plant die in Afghanistan en Oost-Iran in het wild groeit. De harde hars wordt in klompjes verkocht, die tot poeder worden gemalen en aan groenten worden toegevoegd. Asafoetida past ook goed bij verse of gezouten vis.

Gemalen asafoetida

HERKOMST EN EIGENSCHAPPEN

De plant wordt ca. 2,5 m hoog, heeft dikke wortels en ruikt onaangenaam. Hij heeft bleke, geelgroene bloemen. De stengels zijn dik en worden tot op de wortel afgesneden. Het melkachtige vocht dat daarbij vrijkomt, is de hars, die hard wordt. De plant ziet eruit als een enorme venkelplant, maar is daar geen familie van. In Iran en Afghanistan worden de bladeren en de stengels als groente klaargemaakt. De geur, die door zwavel wordt veroorzaakt, verdwijnt bij het koken.

CULINAIRE TOEPASSINGEN
Asafoetida wordt veel in vegetarische curry's gebruikt, maar kan ook sauzen of stoofpotten op smaak brengen. Een klein mespuntje ervan haalt de smaak van elke soort vis op en voegt een boeiende smaak toe. Ook in chutneys wordt asafoetida gebruikt.

BEWAREN
De gemalen hars is heldergeel en heeft een truffelachtige geur als hij wordt verwarmd. Het gemalen poeder heeft een onaangename, sterke knoflookgeur en moet in minieme hoeveelheden gebruikt worden. Uiteraard moet asafoetida apart bewaard worden in luchtdichte glazen potjes, anders beïnvloedt hij de geur van andere specerijen en ingrediënten.

MEDICINALE TOEPASSINGEN
Asafoetida reinigt het spijsverteringskanaal en biedt verlichting bij buikpijn en kramp. Bij winderigheid, verstopping en dysenterie is deze specerij nuttig. Asafoetida stimuleert hoesten en wordt in het Midden-Oosten gebruikt tegen kinkhoest en bronchitis; de specerij wordt soms rauw gegeven, in de vorm van een pil om de smaak te verhullen, als krampstillend en slijmoplossend middel.

Ferula assafoetida *in bloei.*

VENKEL

Foeniculum vulgare

Een venkelknol

Er bestaan diverse soorten venkel, maar ze lijken allemaal op elkaar qua uiterlijk en smaak, en u kunt ze allemaal zelf kweken. De blaadjes van de plant lijken op veertjes en zijn decoratief in uw border. Romeinse (ofwel gewone venkel) smaakt naar anijs en wordt al duizenden jaren als medicijn en als kruid gebruikt. De Romeinen aten de scheuten als groente; de zaadjes vormen een smakelijke en interessante specerij.

HERKOMST EN EIGENSCHAPPEN

Omdat venkel in het wild op zoveel plaatsen groeit, is het moeilijk te bepalen waar de plant oorspronkelijk vandaan komt. Venkel werd gebruikt door de oude Chinezen, Romeinen, Grieken, Britten, Indianen, Egyptenaren en Perzen. Ze gebruikten allemaal de uitlopers als groente, de gedroogde en gemalen zaden als specerij, de gedroogde blaadjes als thee en de verse blaadjes als salade. Als medicijn werd venkel gebruikt voor zere ogen, om toverkracht te bezweren en als tegengif bij slangenbeten. De olie werd als laxeermiddel gebruikt en als zalf bij bronchitis.

Venkelzaad

Venkel uit de oven

CULINAIRE TOEPASSINGEN

De blaadjes smaken naar anijs en kunnen aan salades worden toegevoegd. De zaadjes, gedroogd en gekneusd, kunnen voor visgerechten of voor thee gebruikt worden. Ze worden ook vaak over brood of gebak gestrooid. Gedroogde, fijngesneden stengels kunnen in een kip gestopt worden tijdens het braden. Venkel als groente is ook heerlijk. Venkelzaad kan worden toegevoegd aan winterse stoofpotten. U kunt de blaadjes ook fijnsnijden en ze in plaats van munt aan yoghurt toevoegen.

MEDICINALE TOEPASSINGEN

Culpeper zegt dat de blaadjes of zaadjes "gekookt in gerstwater [bij zogende moeders] de melkproductie bevordert en de melk gezonder maakt voor het kind". Venkel biedt verlichting bij spijsverteringsproblemen, werkt ontstekingsremmend en kan als mondwater of gorgeldrank worden gebruikt bij keelpijn.

Venkel (Foeniculum vulgare)

RECEPT

Kruidige venkelthee

Ingrediënten:

- 1 el vers venkelzaad, gekneusd
- 2,5 dl kokend water
- honing

Laat de zaadjes 5 minuten in het water trekken. Zoet de thee met een beetje honing en drink hem warm. Maak tegen koliek en maagpijn een drankje van ½ tl venkelzaad en 1 kop (2,5 dl) warme melk.

ZOETHOUT

Glycyrrhiza glabra

Zoethout wordt overal in het Middellandse-Zeegebied en zelfs in China verbouwd. In Europa, vooral in Italië, wordt zoethout geteeld vanwege de smaak en de medicinale werking.

Het werd ooit gebruikt als zoetstof en is 50 keer zo zoet als suiker, maar sinds de komst van de suikerplantages is het in onbruik geraakt.

Het wordt nu vaak als onkruid beschouwd, wat jammer is, omdat het nog steeds een belangrijke rol zou kunnen spelen in de keuken en als medicijn.

Zoethoutstokjes

Herkomst en eigenschappen

De uitermate kenmerkende smaak van zoethout is afkomstig van de wortel, die wordt geoogst, gekookt en gefilterd; hieruit wordt sap gewonnen. Als dit sap afgekoeld is, vormt het een zwarte, kleverige massa. Deze massa wordt gebruikt als basisgrondstof voor allerlei soorten drop.

Gemalen zoethout

Culinaire toepassingen

Zoethout kan aan bieren, likeuren en pijptabak worden toegevoegd. Het meest voorkomende gebruik is als drop. Zoethout is te koop als drop in zijn pure vorm en als wortel. U kunt proberen uw eigen zoethout te verbouwen.

Medicinale toepassingen

Zoethout heeft een verbazingwekkend aantal toepassingen als medicijn. De gedroogde wortel of het zwarte extract wordt gebruikt als bindmiddel of verdunner. Op de wortel kan worden gekauwd of gezogen om keelpijn en andere symptomen van verkoudheid te bestrijden. Drop en zoethout werken ontstekingsremmend, verminderen krampen en zijn goed voor de longen omdat ze slijm oplossen en de bronchieën kalmeren. Probeer zoethout eens bij indigestie, brandend maagzuur en als natuurlijk laxeermiddel. Het kan bovendien het cholesterolgehalte in het bloed verlagen en verlichting bieden bij maagzweren. Omdat het een aangename, zoete smaak heeft, wordt het vaak aan hoestdrankjes toegevoegd om de bittere smaak van andere ingrediënten te verdoezelen.

Zoethout (Glycyrrhiza glabra)

Waarschuwing

Onder bepaalde omstandigheden kan drop de bloeddruk verhogen. Als u een hoge bloeddruk hebt, moet u het eten van drop tot een minimum beperken. Eet geen drop als u zwanger bent.

STERANIJS

Illicium verum

Een van de herkenbaarste specerijen is steranijs. In één oogopslag is te zien hoe deze specerij aan zijn naam komt: de vruchten hebben de vorm van een 8-puntige ster. Hoewel anijszaad niet tot dezelfde familie behoort, is de etherische olie ervan vrijwel hetzelfde, zodat beide dezelfde smaak hebben. Steranijs is de vrucht van een groenblijvende boom die oorspronkelijk uit Oost-Indië komt, maar tegenwoordig in China verbouwd wordt, waar hij als specerij en medicijn gebruikt wordt. In het Westen voegt men steranijs vaak toe aan visgerechten. De etherische olie, anijsolie, wordt gebruikt om verschillende pastis-soorten in Italië, Duitsland en Frankrijk hun anijssmaak te geven. Vanwege de fraaie vorm is het een geliefde specerij in potpourri en decoraties.

Steranijs

Steranijszaad

HERKOMST EN EIGENSCHAPPEN

Steranijs is familie van de magnolia. De vruchten hebben acht bruine zaadjes en worden voor het eerst geoogst als de boom zes jaar oud is. Tegen de tijd dat de boom vijftien jaar oud is, kan er in een jaar drie keer geoogst worden en blijft hij gedurende lange tijd vruchten geven.

CULINAIRE TOEPASSINGEN

In de Chinese keuken wordt steranijs gebruikt in talloze hartige gerechten, vooral met varkensvlees of eend, en wordt het gemalen zaad aan koffie of thee toegevoegd. De olie wordt als smaakmaker voor drankjes gebruikt. Voor een sterke anijssmaak kunt u beter steranijs dan anijszaad gebruiken.

Steranijs versterkt de smaak van koffie en thee.

ANDERE TOEPASSINGEN

De bast kan worden gemalen en als wierook worden gebruikt. Japanse steranijs *(illicium religiosum)* wordt beschouwd als een heilige plant, en de boom, die kleiner is dan die van steranijs, wordt vaak bij tempels en graven geplant. Op de zaadjes van steranijs kunt u kauwen voor een frisse adem.

MEDICINALE TOEPASSINGEN

Steranijs is een diureticum en stimuleert de eetlust. De specerij wordt ook gebruikt tegen winderigheid en misselijkheid. In de Chinese kruidenleer wordt hij gebruikt tegen spit, constipatie, blaasproblemen, kolieken en om de symptomen van acute reuma te bestrijden. Steranijs fungeert ook als smaakstof in hoestdrankjes.

Steranijs (Illicium verum)

BEWAREN

Bewaar de zaadjes in een luchtdicht glazen potje. De pittige, zoete smaak van steranijs is sterker dan die van anijs.

WAARSCHUWING

Verwar steranijs niet met Japanse steranijs *(illicium religiosum)*, waarvan de vruchten giftig zijn. U ruikt het verschil duidelijk: Japanse steranijs ruikt naar terpentine.

ALANTSWORTEL

Inula helenium

Deze wonderschone wilde plant groeit in gematigde klimaten op plaatsen waar het vochtig genoeg is, zoals in slootkanten en nat grasland, waar het dan ook in overvloed groeit. De bloemen van de alantswortel lijken op zonnebloemen. De plant wordt in de Balkan op grote schaal verbouwd.

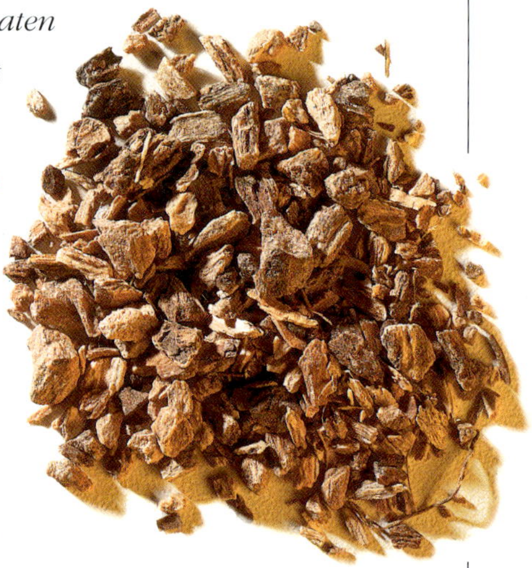

Alantswortel

Alantswortel (Inula helenium)

HERKOMST EN EIGENSCHAPPEN
Alantswortel is een Aziatische plant, die ontsproten zou zijn uit de tranen van Helena van Troje – vandaar de Latijnse naam. De samengestelde bloemen lijken op kleine zonnebloemen. Het is een lange, aantrekkelijke plant met ovale, donzige bladeren.

Alantswortel wordt als smaakstof in vermout gebruikt.

CULINAIRE TOEPASSINGEN

De bloemstengels moeten worden verwijderd om de wortelgroei te bevorderen. De wortels worden na twee jaar geoogst, geschrapt en gedroogd in de zon. Ze hebben dan een sterke, bittere, warme smaak. Gebruik de bladeren bijvoorbeeld in salades. De wortels kunnen gekookt, in plakken gesneden en in salades verwerkt worden. Alantswortel wordt gebruikt als smaakstof voor onder andere vermout. Hij wordt ook wel gekonfijt en als snoepgoed gegeten. De bladeren kunnen worden gedroogd voor kruidenthee die de eetlust van invaliden en ziekelijke kinderen bevordert. U kunt de wortel in wijn laten trekken voor een aangenaam drankje waar u vrolijk van zou worden.

MEDICINALE TOEPASSINGEN

Door de verwarmende eigenschappen is alantswortel geschikt bij bronchitis, astma en andere longaandoeningen. Verwerkt in een zalfje genezen de bladeren schurft, herpes en andere huidaandoeningen. Sinds jaar en dag wordt alantswortel gebruikt bij paarden. Hij schijnt ook de menstruatie op gang te brengen. Week 3½ tl gedroogde wortel een nacht in 1 l water. Kook het mengsel 30 minuten en laat het afkoelen. Een klein kopje hiervan driemaal daags bevordert de spijsvertering. Dit mengsel kan ook als mondwater of gorgeldrank gebruikt worden. Kauwen op de rauwe, verse wortel verfrist de adem.

JENEVERBES

Juniperus communis

Er zijn veel verschillende soorten jeneverbes, van de gewone tot de rode ceders in Noord-Amerika. Sommige, zoals de gewone jeneverbes, worden in de keuken gebruikt; andere, zoals de Juniperus sabina, *bevatten een giftige olie (podophyllotoxine). Jeneverbes wordt al eeuwen beschouwd als een magische plant die kwaad bezweert en boze geesten afweert. Hij werd vaak gebrand in een kamer waar zieken lagen, zowel om de lucht te verfrissen als om de demonen te verdrijven. Jeneverbes fungeert als smaakstof in jenever. Jeneverbessen kunnen in het wild gevonden worden.*

Jeneverbessen

Herkomst en eigenschappen

Jeneverbes groeit overal ter wereld. Het is een kleine, groenblijvende struik van 3 m hoog. De struik krijgt dennenappels, waarvan de vrouwelijke bessen worden. De bessen zijn eerst groen en worden in drie jaar tijd zwart. Zo lang doen ze erover om te rijpen.

Jeneverbessen zitten in jenever.

CULINAIRE TOEPASSINGEN
Het Latijnse woord *Juniperus* heeft geleid tot ons woord 'jenever' en het Engelse 'gin'. Iedereen kent de jeneverbes vanwege zijn toepassing bij het maken van jenever. Gedroogde jeneverbessen worden ook toegevoegd aan patés, wild en marinades. Ze smaken goed bij aardappelen, zuurkool, worst en stoofschotels. Jeneverbes wordt vaak bij het bereiden van wild gebruikt, omdat hij de sterke wildsmaak neutraliseert. Verse jeneverbessen worden verwerkt in chutneys bij koud vlees. De bladeren kunnen vers of gedroogd bij het grillen van vis gebruikt worden en het hout en de bladeren geven gebarbecued vlees een subtiele smaak.

Jeneverbes (Juniperus communis)

MEDICINALE TOEPASSINGEN
Jeneverbes helpt bij infecties aan de urinewegen, jicht, reumatiek, brengt de menstruatie op gang en vermindert ontstekingen in het spijsverteringskanaal.

WAARSCHUWING
Eet geen jeneverbessen bij zwangerschap.

RECEPT
Jeneverbes-chutney
Ingrediënten:
- jeneverbessen
- water
- suiker

Zet de bessen net onder water en kook ze tot ze zacht zijn. Pureer het mengsel in de keukenmachine en voeg driemaal het gewicht van de moes aan suiker toe. Meng alles goed en laat het afkoelen.

KERRIEBLAADJES

Murrya koenigii

In India en Sri Lanka wordt kerrieblad aan curry's toegevoegd om hun smaak te versterken. De blaadjes worden in heel Azië verbouwd, waar ze dan ook volop vers verkrijgbaar zijn. Ze zijn afkomstig van een kleine, decoratieve boom die in het wild aan de voet van de Himalaya groeit. In het Westen zijn de blaadjes alleen in gedroogde vorm verkrijgbaar. Tegen de tijd dat ze ons land bereiken, hebben ze vrijwel al hun geur en smaak verloren. Er is wel een westers equivalent, de kerrieplant helichrysum angustifolium, *maar dit is een totaal andere plant. Van deze plant wordt in Afrika ook thee gezet.*

Kerrieblaadjes

HERKOMST EN EIGENSCHAPPEN

Kerrieblad groeit alleen in tropische streken en kan in het Westen alleen in de kas verbouwd worden. Kerrieplanten hebben veel zon en goed gedraineerde grond nodig.

Kerrieblaadjes zijn een essentieel onderdeel van Madras-kerrie.

CULINAIRE TOEPASSINGEN

Voeg verse kerrieblaadjes toe aan curry's en pittige vleesgerechten. De blaadjes lijken op laurierbladeren. Ze vormen een belangrijk onderdeel van Madras-kerrie en geven deze zijn unieke smaak en geur. De blaadjes moeten voor het serveren verwijderd worden. De gedroogde bladeren hebben nauwelijks smaak, maar zijn soms in poedervorm verkrijgbaar bij Indiase winkels. Als dit poeder goed bewaard wordt, behoudt het zijn smaak. Kerrieblaadjes smaken heerlijk bij gekookte groenten, die er een lichte kerriesmaak van krijgen. Ze kunnen ook in soepen, rijst en stoofpotten gebruikt worden. Verwijder het takje met blaadjes voor het serveren. De planten smaken en ruiken sterk naar kerrie.

ANDERE TOEPASSINGEN

Kerrieplanten worden gebruikt om potpourri een kruidige geur te verlenen. De plant heeft een familielid, de *H. bracteatum*, de 'eeuwige bloem'. De droge bloembladen voegen kleur toe aan elk boeket en staan ook mooi in bloemenguirlandes of kransen.

Kerrieblad (Murraya koenigii)

MEDICINALE TOEPASSINGEN

De bast van kerrieplanten wordt ingenomen tegen spijsverteringsproblemen en van de bladeren kan thee tegen krampen en constipatie worden getrokken. De plant kent weinig medicinale toepassingen.

FOELIE

Myristica fragrans

Foelie bestaat uit helderrode, glanzende vezels die de muskaatnoot bedekken als hij nog binnenin de vrucht van de muskaatboom zit. Foelie is grillig van vorm en wordt als hij gedroogd wordt broos en oranjegeel van kleur. Nootmuskaat en foelie zijn weliswaar afkomstig van dezelfde boom, maar ze hebben verschillende smaken, geuren en toepassingen, en moeten dan ook als twee aparte specerijen beschouwd worden. Indonesische foelie is meestal oranjerood, foelie uit Granada oranjegeel.

Foelie

HERKOMST EN EIGENSCHAPPEN

De vruchten van de muskaatboom lijken wel wat op abrikozen. De boom komt waarschijnlijk van de Molukken, maar groeit nu in Indonesië, Brazilië, op Sri Lanka en de West-Indische eilanden. Door toedoen van de Arabieren verspreidde foelie zich over Azië en vervolgens over Europa. Foelie werd beschouwd als een van de fijnste, duurste specerijen. Toen de Verenigde Oost-Indische Compagnie de specerijenhandel domineerde gedurende de 17e en de 18e eeuw, stuurde een hoge piet van het hoofdkantoor in Amsterdam het verzoek aan de gouverneur van de koloniën om minder nootmuskaat en meer foelie te verbouwen, omdat nootmuskaat als minder belangrijk werd beschouwd. Hij realiseerde zich niet dat de specerijen van dezelfde boom afkomstig waren.

Gemalen foelie

CULINAIRE TOEPASSINGEN

Nootmuskaat en foelie worden het meest gebruikt in Europa, zowel in zoete als in hartige gerechten. Nootmuskaat wordt voornamelijk in zoete gerechten gebruikt; foelie is een sterke en aromatische specerij die goed bij vis, bechamelsaus, runderstoofpotten, stoofschotels, aardappelen en groente past. Voeg foelie vlak voor het serveren toe. U kunt over vrijwel elk gerecht wat geraspte foelie strooien.

BEWAREN

Foelie wordt in stukjes verkocht en verliest zijn smaak tamelijk snel. Foelie is nogal scherp en moet apart van andere specerijen bewaard worden in een luchtdicht glazen potje.

MEDICINALE TOEPASSINGEN

Foelie wordt gebruikt bij problemen met de ingewanden, zoals diarree, dysenterie en indigestie.

De Myristica fragrans *levert foelie en nootmuskaat.*

NOOTMUSKAAT

Myristica fragrans

De pit van de vrucht van de muskaatboom, die bedekt wordt door foelie, is de nootmuskaat. Een muskaatnoot is ca. 1,5 cm groot en zeer hard. Daarom wordt hij nooit in zijn geheel, maar altijd in geraspte vorm gebruikt. Als de foelie verwijderd is, worden de noten gedroogd. Vervolgens kunnen ze geraspt worden en in kleine hoeveelheden toegevoegd worden aan kruidendrankjes of in nagerechten. Nootmuskaat geeft een zoete, aangename geur en smaak.

Muskaatnoten

HERKOMST EN EIGENSCHAPPEN

Muskaatbomen groeien in tropische oorden en zijn zeer moeilijk te kweken. Nootmuskaat is altijd goedkoper geweest dan foelie, doordat nootmuskaat zo verkocht kan worden. Foelie moet daarentegen zeer zorgvuldig gedroogd worden. De olie van kleine of beschadigde noten wordt geëxtraheerd en gebruikt in de cosmetica-industrie.

Gemalen nootmuskaat

CULINAIRE TOEPASSINGEN

U kunt geraspte nootmuskaat toevoegen aan puddingen, vla, ijs of aan warme, kruidige dranken zoals bisschopswijn. Nootmuskaat smaakt goed bij warme appels en peren, en wordt ook in cakes en koekjes gebruikt.

MEDICINALE TOEPASSINGEN

In India werd nootmuskaat tegen hoofdpijn, bij slapeloosheid en incontinentie toegediend. In kleine doses helpt deze specerij tegen winderigheid, een opgeblazen gevoel, braken en bevordert hij de spijsvertering.

BEWAREN

Muskaatnoten zijn 3-4 jaar houdbaar. U kunt kleine hoeveelheden raspen wanneer u ze nodig hebt. Bewaar de noten in een luchtdicht glazen potje.

ANDERE TOEPASSINGEN

Nootmuskaat wordt in de cosmetica-industrie gebruikt voor zeep, shampoo en parfum.

WAARSCHUWING

Nootmuskaat bevat myristicine, een hallucinogeen dat beschouwd moet worden als potentieel vergif. Twee muskaatnoten kunnen al de dood tot gevolg hebben.

RECEPT

Bananentoetje met nootmuskaat

Ingrediënten:

- 6 rijpe bananen
- 75 g lichte basterdsuiker of rietsuiker
- 5 g geraspte nootmuskaat
- 1 el limoensap
- 5 dl custardvla
- 50 g broodkruim

Prak de bananen en meng ze met suiker, nootmuskaat en limoensap. Doe het mengsel in een ingevette ovenschaal. Bestrooi het met broodkruim en giet de custardvla erover. Bestrooi het met wat nootmuskaat en zet het 35 minuten in een oven van 175°C of tot de bovenkant goudbruin is.

MIRTE

Myrtus communis

Mirte is lange tijd beschouwd als de plant van de liefde – genaamd naar Myrrha, een geliefde priesteres van Venus. Venus veranderde Myrrha in een groenblijvende struik om haar van de ongewenste attenties van een aanbidder te verlossen. Toen Paris Venus de gouden appel van de schoonheid gaf, droeg zij een krans van mirte. Ook rondom haar tempel werd mirte geplant. Mirte wordt vaak in bruidskransen gebruikt. Een Arabische legende verhaalt over een takje mirte dat Adam aan Eva schonk om zijn liefde te verklaren – zij gaf hem daarop een appel.

Herkomst en eigenschappen

Mirte is een groenblijvende struik die tamelijk groot wordt, wel 15 m, met glanzende, geurige bladeren. De bloemen zijn gebroken wit en de bessen blauwzwart. In het wild groeit mirte in droge, heuvelachtige streken in Noord-Afrika, Zuid-Europa en het Midden-Oosten. De bessen worden mirtebessen genoemd. De bloemen kunnen worden gedroogd voor potpourri. Zowel de bladeren als de bessen kunnen vers of gedroogd als specerij aan wild en vlees worden toegevoegd.

Mirte (myrtus communis)

De bloemen van mirte kunnen worden gedroogd voor potpourri.

CULINAIRE TOEPASSINGEN

De takken en de bladeren kunnen vlees een subtiele, kruidige smaak geven. Met de verse bladeren kunt u gevogelte vullen; gedroogd blad kan aan stoofgerechten worden toegevoegd. De gedroogde en gemalen vruchten passen bij elk hartig gerecht. De smaak is zoet, maar pittig en lijkt op de smaak van jeneverbes.

MEDICINALE TOEPASSINGEN

Mirte helpt tegen winderigheid en werkt slijmoplossend. De olie die eruit wordt gewonnen, wordt gebruikt bij het behandelen van acné. De Chinezen gebruikten de gedroogde en gemalen bladeren als een soort talkpoeder bij baby's, voordat ze een luier omkregen. U kunt ook thee trekken van mirteblad, die helpt tegen psoriasis en voorhoofdsholte-ontsteking. Voeg wat honing toe voor de smaak. Een koud kompres van bladeren kan bij kneuzingen en aambeien gebruikt worden.

NIGELLA

Nigella sativa

Nigella-zaadjes zijn de zwarte zaadjes van een ranonkelachtig plantengeslacht. Het is een populaire specerij in Turkije, Tunesië, Griekenland, Egypte en India. De gedroogde en gemalen zaden van deze mooie, eenjarige plant zijn zwart en vormen een naar fruit smakende specerij. Nigella is verwant aan de Nigella damascena, *waar bij vaak mee verward wordt. De twee planten lijken erg op elkaar, maar alleen de* Nigella sativa *kan als specerij gebruikt worden. Uit de zaadjes van de* Nigella damascena *wordt olie gewonnen voor parfums en lipsticks. Beide planten ruiken enigszins naar aardbeien. De bloemen van de* Nigella sativa *zijn klein en wit, met een vleugje blauw.*

Nigella-zaad

Herkomst en eigenschappen

Nigella groeit in het wild in heel Azië en het Midden-Oosten, waar het vroeger op dezelfde manier gebruikt werd als zwarte peper tegenwoordig. De zaadjes heten in India *kalonji* en worden daar bij het inmaken gebruikt. Zelfs in de Bijbel wordt deze specerij genoemd. Er bestaan 14 variëteiten van nigella; een van meest voorkomende is juffertje-in-'t groen. Nigella wordt meestal gekweekt om in droogboeketten verwerkt te worden.

Culinaire toepassingen

U kunt de zaadjes gebruiken om curry's, vleesgerechten, ingemaakte groenten, sauzen en gekookte groenten op smaak te brengen. In Bengalen worden ze ook voor vis gebruikt. De zaadjes kunnen in een pepermolen gemalen worden en op dezelfde manier als peper gebruikt worden. De zaadjes geven pit aan brood en gebak. Gebruik ze met mate.

In naanbrood wordt nigellazaad gebruikt.

Medicinale toepassingen

Vroeger werd nigella aan zogende moeders gegeven om de melkproductie te vergroten en de baarmoeder te helpen herstellen. De zaadjes zijn goed voor de spijsvertering en helpen bij infecties of irritaties aan de maag.

Andere toepassingen

Juffertje-in-'t groen is gemakkelijk te kweken en doet het goed in droogboeketten (pas op, want de plant groeit zeer snel). *Nigella sativa* heeft meer zon en een goed gedraineerde bodem nodig. Zaai de zaadjes in de herfst of de lente en verplaats de plantjes niet. Kweek ze niet allebei, anders vindt er kruisbestuiving plaats.

De bloem van de Nigella sativa.

MAANZAAD

Papaver somniferum

De kleine blauwzwarte zaadjes van de blauwe papaver werden al in 4000 v.Chr. door de Sumeriërs gebruikt. Vandaag de dag worden ze in veel landen gekweekt voor zowel culinaire als medicinale doeleinden – er wordt morfine en codeïne van gemaakt.

Maanzaad

Herkomst en eigenschappen

Blauwe papavers groeien in het wild in het Midden-Oosten. Ze werden zo'n 1000 jaar geleden voor het eerst meegenomen naar China. Ze werden vanwege hun pijnstillende kwaliteiten gebruikt in het oude Griekenland, Egypte, Italië, India en het Midden-Oosten. Opium wordt gewonnen uit het vruchtvlees van de onrijpe zaadbollen. De zaadjes zelf bevatten geen spoortje van de drug. De plant wordt ruim 1 m hoog en is familie van de rode klaproos die wij kennen. De papaver heeft een variëteit met witte bloemen.

Papavers (Papaver somniferum)

Thee van maanzaad

CULINAIRE TOEPASSINGEN

In het Midden-Oosten worden de zaadjes gebruikt in zoete gerechten, taarten, puddingen en strudels. In India, waar een papaversoort met gele zaadjes wordt gekweekt, worden de zaadjes *khas khas* genoemd en aan vleesgerechten toegevoegd. In de meeste Europese landen wordt maanzaad over brood gestrooid, waardoor het een licht nootachtige smaak krijgt. Er bestaat een Joodse lekkernij, *hamantaschen*, die een vulling van alleen maanzaad heeft. Koekjes van honing en maanzaad gaven atleten in het oude Griekenland extra energie, die goed van pas kwam tijdens de Olympische spelen.

MEDICINALE TOEPASSINGEN

Maanzaad wordt gebruikt bij de behandeling van blaasontsteking. Trek er thee van en voeg honing toe.

WAARSCHUWING

In sommige landen is het verboden om blauwe papavers te kweken; alle delen van de plant, behalve de zaadjes, zijn giftig. De zaadjes mogen niet worden gegeten door iemand met hooikoorts of een andere allergie.

RECEPT

Pasta met maanzaad

Ingrediënten:

- 200 g pasta
- 10 g ongezouten boter
- 2 tl maanzaad
- zout en zwarte peper

Kook de pasta en voeg boter, maanzaad en zout en peper naar smaak toe. Meng goed. Lekker als bijgerecht bij een voedzaam gerecht als goulash.

KASSIE

Picraena excelsa

Deze specerij staat ook wel bekend als Jamaicaanse kassie. Hij lijkt erg op zijn familieleden Japanse kassie (Picraena ailanthoides) *en Surinaamse kassie* (Quassia amara). *Het zijn allemaal loofverliezende bomen uit Zuid-Amerika, India of Maleisië. Kassie zijn de bittere stukjes van het hout en de bast van de boom. Vroeger werd kassie in plaats van hop bij het brouwen van bier gebruikt.*

Stukjes kassie

Herkomst en eigenschappen

De kassieboom wordt erg hoog –meer dan 25 m– en lijkt een beetje op een es. Hij heeft kleine, bleekgele bloemen. Het hout wordt in snippers gebruikt om wijnen en biersoorten te aromatiseren. Als u bekers gemaakt van het hout van de kassieboom vult met water en ze een nachtje laat staan, is het resultaat een bitter drankje dat de vorming van maagsappen heet te stimuleren en de eetlust heet op te wekken.

CULINAIRE TOEPASSINGEN

Kassie heeft een erg bittere smaak, maar geen geur. Als aan kassie water of alcohol wordt toegevoegd, kleurt hij geel. Kassie wordt gebruikt bij het maken van bitters, die vroeger in de lente werden genuttigd om de afscheiding van maagsappen te bevorderen en zo de spijsvertering te stimuleren – erg belangrijk na een winter met zout en machtig voedsel.

De Quassia amara

MEDICINALE TOEPASSINGEN

Een kleine dosis kassie kan worden ingenomen als opkikkertje. Kassie wordt ook gebruikt om reuma, koorts, buikpijn en een slechte spijsvertering te behandelen. De thee die getrokken kan worden van de houtsnippers zou alcoholisme doen afnemen, en shampoo ervan helpt tegen roos. De thee helpt ook tegen lintworm.

RECEPT

Kassiethee

Ingrediënten:

- 30 g kassiesnippers
- 6 dl koud water

Laat de houtsnippers 2 uur in het water weken. Zeef de thee. Dit middeltje helpt bij een slechte spijsvertering en als shampoo, tegen luizen.

PIMENT

Pimento officinalis

Hoewel piment ook wel Jamaicaanse peper wordt genoemd, is het zeker geen peper. Het woord 'piment' werd in de Middeleeuwen voor vrijwel elke specerij gebruikt. Piment smaakt als een combinatie van kaneel, nootmuskaat en kruidnagel.

Pimentbessen

Gemalen piment

Columbus zou piment vanuit het land van herkomst, Jamaica, hebben meegenomen naar Europa. De Azteken gebruikten piment als smaakstof voor chocolade. Piment wordt in Jamaica op speciale plantages gekweekt.

Herkomst en eigenschappen

Piment bestaat uit de gedroogde bessen van een boom die inheems is in Midden- en Zuid-Amerika. De bloemen zijn klein en wit. Het fruit wordt geplukt als het nog niet rijp is en wordt gedroogd in de zon tot het een roodbruine kleur heeft. De boom kan wel 15 m hoog worden.

Culinaire toepassingen

Piment kunt u het beste heel kopen en malen als u het nodig hebt. U kunt het op dezelfde manier gebruiken als de specerijen waar hij naar smaakt: in warme, kruidige dranken als bisschopswijn, bij het inmaken en in pudding en vla. Vlees en vis krijgen een bijzondere en pittige smaak van piment. Piment smaakt voortreffelijk bij lamsvlees, dat er de smaak van jeneverbessen door krijgt. De bladeren worden gebruikt bij het maken van rum; van de bloemen kunt u thee maken. In poedervorm kunt u piment toevoegen aan curry's of gerechten met schaaldieren. Als u hele bessen kunt krijgen, kunt u ze zelf malen. Of meng wat pimentbessen met zwarte-peperkorrels in uw pepermolen om de peper extra pit te geven.

Medicinale toepassingen

De olie wordt gedestilleerd en gebruikt tegen winderigheid. Deze olie bevordert de spijsvertering en heeft een kalmerend effect op het zenuwstelsel.

Cosmetische toepassingen

Voeg eens wat gemalen piment aan uw badwater toe, vanwege de ontsmettende werking of vanwege de heerlijke geur.

ANIJS

Pimpinella anisum

Anijszaad

De ovale, aromatische zaadjes van de Pimpinella anisum *behoren tot de oudste specerijen ter wereld. De Romeinen ontdekten anijs en gebruikten het scherpe en pittige anijszaad in het gebak dat ze na zware maaltijden aten om hun maag tot rust te brengen. Anijs geeft ook het populaire Griekse drankje ouzo zijn kenmerkende smaak.*

Anijs wordt gebruikt als smaakstof voor ouzo.

Herkomst en eigenschappen

Anijs groeit in het Midden-Oosten in het wild, maar is ook in een gematigd klimaat te kweken. De plant wordt 45 cm hoog, heeft brede bladeren en kleine, crèmekleurige bloemetjes die veranderen in lichtbruine, harige zaadjes. Anijs werd eerst verbouwd door de Egyptenaren, later verspreidde hij zich over de Arabische, Romeinse en Griekse wereld. Anijs wordt al heel lang verbouwd, maar wordt langzaam vervangen door *Illicium verum* –steranijs (blz. 80)– omdat deze goedkoper is om te verbouwen.

CULINAIRE TOEPASSINGEN

De verse blaadjes kunnen aan curry's en pittige vleesgerechten toegevoegd worden. Op de zaadjes kunt u na de maaltijd kauwen om de adem te verfrissen. De smaak lijkt op die van venkelzaad –zoet en kruidig– maar de blaadjes hebben een subtielere smaak. Anijs wordt ook gebruikt voor snoepgoed en om diverse alcoholische dranken, zoals ouzo, pastis en arak op smaak te brengen.

Anijsbloemen
(Pimpinella anisum)

MEDICINALE TOEPASSINGEN

Anijszaad werkt verwarmend en kan daardoor problemen met de bloedsomloop en de spijsvertering verminderen. Het is verzachtend voor de longen doordat het slijm oplost en wordt als actief bestanddeel en als smaakstof in hoestdrankjes verwerkt. Daarnaast zou anijs het boze oog afweren. Anijsolie wordt gebruikt in tandpasta. Anijsthee helpt bij een slechte spijsvertering.

RECEPT

Anijscakejes

Ingrediënten:

- 3 middelgrote eieren
- 100 g lichte basterdsuiker of rietsuiker
- 150 g volkorenmeel
- 2 tl gemalen anijszaad
- 1 tl bakpoeder

Klop de eieren los en voeg ondertussen de suiker toe. Blijf 3 minuten kloppen. Spatel de overige ingrediënten erdoor. Schep 1 el van het beslag in elk cakevormpje en laat deze 12 uur rusten. Bak ze in 12 minuten goudbruin in een oven van 175°C. Eet ze warm, met een beetje honing.

CUBEBE

Piper cubeba

Cubebe is een ongewone en zeer hete specerij die wordt verbouwd op Sumatra, in Pinang en op Nieuw-Guinea. Cubebe wordt ook wel Javaanse peper of staartpeper genoemd. Staartpeperkorrels zijn de onrijpe vruchten van een klimplant die als een druivenrank groeit. De gedroogde, onrijpe bessen worden gebruikt. Ze lijken op zwarte-peperkorrels – ze behoren tot dezelfde familie. Cubebe heeft staartjes aan de korrels en een gerimpeld, leerachtig oppervlak. Cubebe is aromatischer en heter dan peper en wordt veel gebruikt in de Indonesische keuken. Als u de bessen opensnijdt, ziet u dat sommige een klein zaadje bevatten en dat andere hol zijn.

Staartpeperkorrels

HERKOMST EN EIGENSCHAPPEN

Cubebe gedijt goed op een rijke, vochtige kleibodem met veel schaduw. De plant komt voor in subtropische wouden. De vruchten worden onrijp geplukt. Ze worden gedroogd om ze te verwerken in poeder, tincturen en extracten of gedestilleerd om de olie eruit te halen, die gebruikt wordt bij het maken van sauzen, bitters en zelfs tabak. De olie wordt ook gebruikt voor parfums en andere cosmetische artikelen.

Culinaire toepassingen

Cubebe wordt in de Indonesische keuken veel aan rijstgerechten, curry's en vis toegevoegd. De smaak lijkt op die van piment; cubebe kan piment indien nodig vervangen. Pas op, want als u te veel gebruikt, wordt de smaak erg bitter.

Medicinale toepassingen

Cubebe heeft verwarmende eigenschappen en werkt daardoor verlichtend bij bronchitis, voorhoofdsholte-ontsteking en keelontsteking. In Indonesië werd het oorspronkelijk als middel tegen gonorroe gebruikt, maar of het echt effect heeft, is niet bewezen. Als de olie aan tabak wordt toegevoegd, helpt hij bij koorts, astma en keelontsteking. U kunt thee trekken van 1 tl gemalen cubebe met 2,5 dl kokend water. Driemaal daags een slok hiervan kan maagklachten, spijsverteringsproblemen en infecties aan de urinewegen doen afnemen.

Recept

Pittige Indonesische rijst

Ingrediënten:

- 2 uien, fijngesnipperd
- cubebe
- koriander
- kardemom
- kurkuma
- 250 g gekookte rijst, afgekoeld
- 3 onrijpe bananen
- 4 eieren

Fruit de uien en voeg de specerijen toe. Experimenteer zelf om de juiste hoeveelheden te bepalen; ga daarbij uit van ¼ tl van elke specerij en breng dan veranderingen aan. Voeg de rijst toe. Snijd de bananen in de lengte doormidden en bak ze. Maak een omelet van de eieren en snijd deze in reepjes. Serveer de rijst met de eierreepjes en schik de bananen eromheen.

PEPER

Piper nigrum

Zwarte peper is afkomstig van de klimplant Piper nigrum, *die in Zuidoost-Azië groeit. De bessen worden geplukt als ze groen en nog niet rijp zijn. Ze worden in de zon gedroogd. Bessen die aan de struik rijpen, worden rood – deze worden geplukt en geweekt om ze te ontdoen van de buitenste laag; het binnenste wordt vervolgens gedroogd en wordt witte peper genoemd. De onrijpe bessen die worden ingelegd, worden groene peper genoemd, de rijpe heten roze peper. Peper is altijd een gewilde, kostbare specerij geweest. In de 18e eeuw werd peper gebruikt om belasting en huur te betalen, en in de tijd van de Romeinen was het de duurste specerij ter wereld.*

Zwarte-peperkorrels

Een zwarte-peperbomenwoud

HERKOMST EN EIGENSCHAPPEN
Peper is van oorsprong afkomstig van de kust van Malabar, maar wordt nu overal ter wereld in tropische gebieden verbouwd; voornamelijk in India, Oostindië en Azië. Zwarte peper heeft een sterke, scherpe smaak. De smaak van witte peper is milder maar sterker, heter en minder aromatisch. Peperkorrels kunnen in hun geheel of gemalen worden gekocht, maar gemalen peper verliest snel zijn smaak.

Met de klok mee: gemalen zwarte peper, witte peper, gemengde tropische peperkorrels, grof gemalen zwarte peper, zwarte en roze peper

CULINAIRE TOEPASSINGEN
Peper bevat een vluchtige olie die helpt bij het verteren van vlees en eiwitrijk voedsel, doordat deze de productie van maagsappen stimuleert. Bij vrijwel elk gerecht smaakt een snufje zwarte peper. Witte peper wordt vooral gebruikt in lichtgekleurde gerechten waarin zwarte peper het uiterlijk zou bederven. U kunt sauzen maken met hele peperkorrels. Deze worden ook gebruikt bij het inmaken en in marinades.

MEDICINALE TOEPASSINGEN
Peper is goed voor de spijsvertering, verwarmt de bronchieën en verhelpt congestie.

Piper nigrum *is een overblijvende klimplant.*

SUMAK

Rhus coriaria

Gemalen sumak

Er bestaan twee soorten sumak die worden gebruikt als specerij: de variëteit uit het Midden-Oosten, Rhus coriaria, *ook wel looiersboom genoemd, en de Noord-Amerikaanse sumak, de* Rhus aromatica. *Er bestaan meer dan 250 soorten sumak. Sommige zijn erg giftig, dus enige voorzichtigheid is geboden. Chinese sumak, de* Rhus chinensis, *wordt in de kruidenleer gebruikt om hoest en mondzweertjes te behandelen, maar wordt niet in de keuken gebruikt. Sumak is niet erg bekend in het Westen, maar in een goede speciaalzaak is de specerij verkrijgbaar in gemalen vorm.*

HERKOMST EN EIGENSCHAPPEN

Sumak heeft een hoog taninegehalte en heeft een samentrekkende werking. De specerij is familie van de klimop en groeit in het wild als een grote struik. De wortels worden geoogst en gedroogd, en de buitenste bast wordt verwijderd. De vruchten worden geplukt als ze rijp zijn en worden dan gedroogd en gemalen.

Sumak wordt vaak gebruikt voor het garneren van hummus.

Culinaire toepassingen

In Libanon gebruikt men de gedoogde vruchten zoals wij citroensap gebruiken: om zuur toe te voegen. De zaadjes worden gekneusd en in water geweekt. U kunt sumak in poedervorm aan hartige gerechten toevoegen om ze wat meer pit te geven. In Turkije wordt sumak aan hummus toegevoegd, als smaakstof en als garnering. De Amerikaanse Indianen maakten een drankje van de verse rode bessen.

Medicinale toepassingen

Sumak wordt ingenomen tegen ernstige diarree en de schil van de wortel wordt gebruikt om dysenterie te behandelen. De bessen helpen bij infecties aan de urinewegen. De schil van de wortel wordt ook extern gebruikt om aambeien te behandelen. Thee van de bast of de bladeren is een goede gorgeldrank tegen keelpijn. De Indianen maakten een zalfje van de verse rode bessen om huidirritatie na aanraking van klimop te verzachten.

Andere toepassingen

De bast en de bladeren van de boom kunnen als kleurstof worden gebruikt.

Waarschuwing

Pas op dat u de verschillende sumaksoorten niet door elkaar haalt – sommige zijn erg giftig.

Sumak (Rhus coriaria) *is een bladverliezende struik.*

SESAMZAAD

Sesamum indicum

Sesamzaad is een waardevol ingrediënt voor elke kok. Het is een van de eerste specerijen die voor zowel de zaadjes als de olie die ze bevatten werd gebruikt. Er is bewijs dat het zaad ca. 5000 jaar geleden in Egypte werd gebruikt en dat het in India rond 1600 v.Chr. al verbouwd werd. Aan sesamzaad werden vroeger magische krachten toegeschreven. Ali Baba's beroemde toverformule "sesam open u" is waarschijnlijk geïnspireerd door de openspringende zaaddoosjes van deze plant.

Sesamzaad

HERKOMST EN EIGENSCHAPPEN

Sesam is een inheemse plant in India, Indonesië, Afrika en China. Hij groeit goed in zanderige bodem en heeft een warm klimaat nodig. Het is een hoge, eenjarige plant met witte, trompetvormige bloemen die veranderen in zaaddozen van ca. 2 cm lang. Ze barsten open als ze rijp zijn en de zaadjes hebben een zoete, nootachtige smaak als ze licht geroosterd worden. Sommige gecultiveerde variëteiten barsten niet open, waardoor ze gemakkelijker te oogsten zijn.

De Griekse lekkernij halva wordt gemaakt van gemalen sesamzaad.

CULINAIRE TOEPASSINGEN

Gemalen sesamzaad wordt verwerkt tot tahin, een pasta in de Griekse keuken, en tot halva, een zoete lekkernij die in het Midden-Oosten bij de koffie wordt gegeten. Sesamzaadjes worden over brood en gebak gestrooid. Geroosterd sesamzaad kan worden toegevoegd aan groenten en kaassauzen en kan in plaats van broodkruim voor visgerechten gebruikt worden. Sesamolie wordt overal ter wereld gebruikt. Sesamzaadjes vormen voor mensen die allergisch zijn voor noten een belangrijk alternatief voor noten. Ze worden gebruikt voor het maken van margarine en olie, en zelfs voor zeep en glansmiddelen.

MEDICINALE TOEPASSINGEN

Er zijn maar weinig aandoeningen die niet ooit met sesamzaad zijn behandeld. Deze specerij helpt tegen haaruitval, dysenterie, duizelingen, hoofdpijn, osteoporose en steenpuisten. Omdat de zaadjes veel calorieën bevatten, zijn ze goed voor herstellende zieken. Sesamzaad heeft ook een licht laxerende werking.

Sesam (Sesamum indicum)

COSMETISCHE TOEPASSINGEN

De olie uit sesamzaad wordt door vrouwen uit het Middellandse-Zeegebied gebruikt bij een droge huid, omdat hij de huid verzacht en goed opgenomen wordt. De olie is ook een uitstekende zonnebrandolie, omdat hij de meeste ultraviolette stralen absorbeert en waterbestendig is – u kunt er dus mee zwemmen.

WITTE MOSTERD

Sinapsis alba

Witte-mosterdzaadjes zijn groter en veel milder dan zwart mosterdzaad en zijn bleekbruin of geel van kleur. Ze worden gebruikt voor Amerikaanse mosterd en worden gemengd met zwart mosterdzaad om Engelse mosterd te maken. In Franse mosterdsoorten worden ze niet gebruikt. Culpeper beval witte mosterd aan in de vorm van een zalfje dat op de voetzolen moest worden gesmeerd bij "koorts, reumatiek en pijn in de heupen – om de zenuwen te bewerken wanneer een sterk medicijn dat geen warmte opwekt, is vereist". Plinius merkte ooit op dat mosterd "zo sterk van smaak is dat hij brandt als vuur". Plinius noemde 40 gevallen waarin mosterd als medicijn gebruikt kon worden.

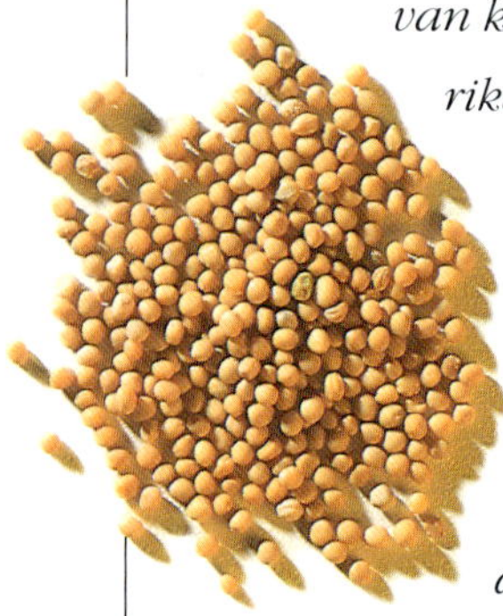

Wit mosterdzaad

Witte mosterd (Sinapsis alba)

HERKOMST EN EIGENSCHAPPEN
Wit mosterdzaad komt waarschijnlijk uit het Middellandse-Zeegebied, maar groeit in elk gematigd, droog klimaat op zware zandgrond. Deze eenjarige plant wordt ca. 1 m hoog en draagt gele bloemen die in 3 cm lange zaadpeulen veranderen. De zaadjes worden geoogst, gedroogd en gemalen.

CULINAIRE TOEPASSINGEN

Wit mosterdzaad heeft een aangename, nootachtige smaak en is niet zo heet als zwart mosterdzaad. U kunt het dus wat royaler gebruiken in de keuken. De zaadjes kunnen bij het inmaken worden gebruikt en met waterkers worden gezaaid. Mosterdzaadjes groeien sneller en moeten dus drie dagen later gezaaid worden. Mosterd van wit mosterdzaad is tamelijk mild van smaak en wordt in Amerika geserveerd bij hotdogs en vlees van de barbecue. U kunt het mosterdpoeder aanmaken met wat druivensap om de smaak wat af te zwakken. Gebruik koud water als u de mosterd op volle sterkte wilt houden.

MEDICINALE TOEPASSINGEN

In de Chinese kruidenleer wordt mosterd gebruikt bij bronchitis, verkoudheid, hoest en reumatische gewrichtspijn.

WAARSCHUWING

Mosterd bevat bestanddelen die de slijmvliezen en de huid kunnen irriteren; zelf dokteren is dus niet verstandig.

RECEPT

Kruidenmosterd

Ingrediënten:

- 60 g wit mosterdzaad (of poeder, als u geen zaadjes kunt krijgen)
- ¼ tl kruidenpeper
- 60 g grof gemalen witte peper
- 7 g tijm
- 7 g majoraan
- ¼ tl geraspte citroenschil
- 1 mespunt gedroogde rozemarijn
- ¼ tl geraspte sinaasappelschil
- 1 tl honing
- 1 tl wijn of kruidenazijn
- snufje kurkuma

Maal het mosterdzaad en voeg de rest van de ingrediënten toe. Meng het geheel tot een pasta en serveer deze bij koud vlees. Bewaar hem niet, maar serveer hem direct.

TAMARINDE

Tamarindus indica

Tamarinde wordt al eeuwenlang in India verbouwd. De specerij wordt veel gebruikt in de Aziatische keuken, maar ook in Afrika, Irak en de landen rond de Perzische golf. Hij wordt gebruikt in chutneys, curry's en sauzen. In de Middeleeuwen werd tamarindewater als hartversterkertje gedronken in de zomer. Waarschijnlijk werd tamarinde door de kruisvaarders in Europa geïntroduceerd.

Tamarindepeulen

HERKOMST EN EIGENSCHAPPEN

Tamarinde groeit als een grote, donkere peul aan de tamarindeboom, die inheems is in Oost-Azië. De vruchten kunnen vers gegeten of gedroogd worden. Ze worden gebruikt als zure toevoeging aan gerechten, net als citroensap. De smaak is zoet en zuur tegelijk, en aromatisch en gekruid. De tamarindeboom wordt 30 m hoog en kan soms wel een omvang van 10 m bereiken. Tamarinde wordt verbouwd op de West-Indische eilanden en is een belangrijk ingrediënt in de Mexicaanse keuken geworden.

Tamarindezaad

CULINAIRE TOEPASSINGEN

Tamarinde kan gekocht worden als vezelachtige, zwarte, kleverige pulp die tamarindepasta wordt genoemd en gemaakt is van de schil, zonder de zaadjes. Week de pulp in heet water met een beetje suiker en knijp hem vervolgens uit. Dit tamarindewater smaakt goed in curry's en is sterker van smaak dan limoen- of citroensap. Tamarinde is ook in gedroogde en gemalen vorm verkrijgbaar.

Een blok tamarinde

De bloemen en vruchten van de tamarindeboom
(Tamarindus indica)

MEDICINALE TOEPASSINGEN

Tamarinde is een uitstekend maar mild laxeermiddel. De specerij wordt ook gebruikt bij de behandeling van astma, geelzucht en dysenterie. Vrouwen die last hebben van misselijkheid tijdens de zwangerschap kunnen de vruchten eten tegen misselijkheid. Deze bevorderen bovendien de eetlust en de spijsvertering.

RECEPT

Tamarindelimonade

Ingrediënten:

- 50-70 g tamarindepasta
- 2 l water
- 3 el suiker
- ½ citroen,in schijven

Week de tamarindepasta een nacht in het water. Zeef het water en voeg suiker en citroen toe. Breng het mengsel aan de kook en laat het 5 minuten zachtjes koken. Laat het afkoelen en zeef het. U kunt voor het serveren een beetje fruit of een takje munt aan de limonade toevoegen.

FENEGRIEK

Trigonella foenum-graecum

Fenegriek wordt overal ter wereld verbouwd en kent vele culinaire en medicinale toepassingen. De zaadjes hebben een milde kerriesmaak en een bittere nasmaak. In het Westen is fenegriek waarschijnlijk bekend van halva, een bekend snoepgoed uit het Midden-Oosten. Omdat fenegriek het stikstofgehalte in de grond herstelt, wordt de specerij in het Oosten vaak gebruikt als veevoer. Fenegriek onderscheidt zich van andere specerijen doordat hij veel eiwit bevat.

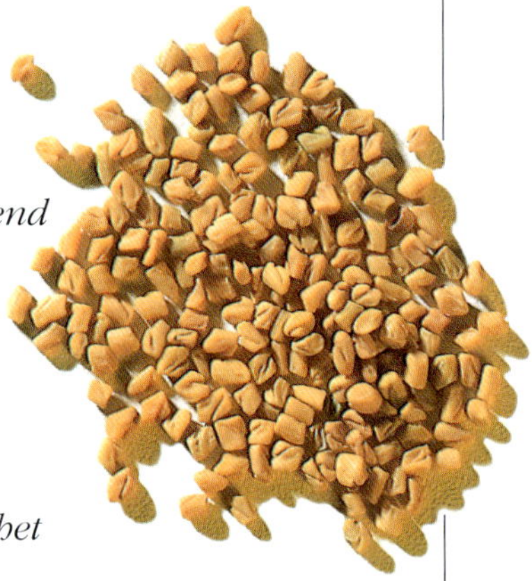

Fenegriekzaad

Herkomst en eigenschappen

Fenegriek werd waarschijnlijk voor het eerst verbouwd en als specerij gebruikt in Assyrië, rond 7000 v.Chr. Van daaruit verspreidde de specerij zich naar India en China; nu wordt hij overal ter wereld gebruikt. In Egypte wordt de plant gedroogd verkocht onder de naam *hilba*, als middel tegen menstruatiepijn. De blaadjes worden 's zomers geplukt en vers of gedroogd voor thee gebruikt. De zaadjes worden gedroogd en gemalen of in hun geheel gebruikt. De Egyptenaren gebruikten fenegriek in hun balsemvloeistoffen. In Yemen wordt hij tot pasta gemalen in groentegerechten.

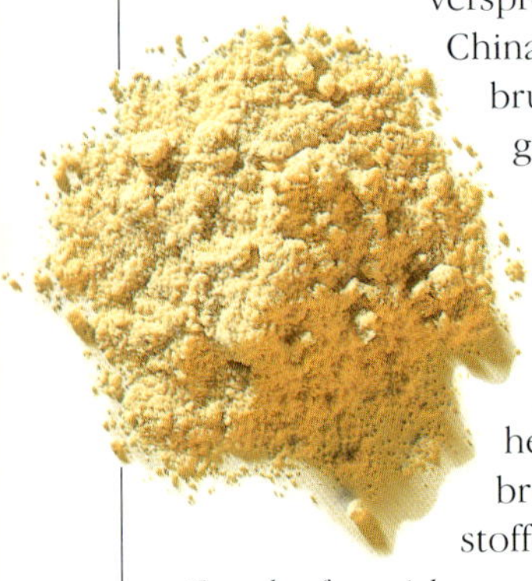

Gemalen fenegriek

CULINAIRE TOEPASSINGEN

In India worden de gedroogde blaadjes, *methi* genoemd, aan curry's toegevoegd. De zaadjes kunnen ontkiemd als groente dienen. De gemalen zaadjes worden in curry's en chutneys gebruikt – mangochutney bevat vaak hele zaden. U kunt de zaadjes licht roosteren om de bittere nasmaak te beperken. In Ethiopië wordt het zaad bij het bakken van brood gebruikt. De zaadjes zijn lekker in gebakken groenten, stoofpotten en gebak.

Gedroogde fenegriek-blaadjes

Fenegriek
(Trigonella foenum-graecum)

COSMETISCHE TOEPASSINGEN

Voor een mengsel dat gebruikt kan worden om gezicht en haren te wassen laat u 2 tl zaadjes 6 uur lang in 2,5 dl water weken. Kook het water 1 minuut en laat het afkoelen. Als u de zaadjes mengt met wat olie krijgt u een verkwikkende massage-olie.

MEDICINALE TOEPASSINGEN

Van oorsprong wordt fenegriek enerzijds gegeven aan impotente mannen en anderzijds aan zwangere vrouwen, om de bevalling op gang te brengen. Van de zaadjes kan een drankje gemaakt worden dat helpt tegen maagontsteking, kolieken, slechte melkproductie bij zogende vrouwen, slechte eetlust en spijsverteringsproblemen. In de Chinese kruidenleer worden de zaden gebruikt bij nierziektes.

WAARSCHUWING

Zwangere vrouwen mogen geen fenegriekzaad eten, omdat dit bestanddelen bevat die ook in orale anticonceptiemiddelen worden verwerkt. Stimulatie van de baarmoeder zou tot een miskraam kunnen leiden.

VANILLE

Vanilla planifolia

De Spanjaarden brachten vanille mee uit Zuid-Amerika. Vanille werd een van 's werelds belangrijkste smaakstoffen. Men zegt dat Thomas Jefferson vanille introduceerde in Amerika toen hij terugkeerde uit Frankrijk, omdat hij niet zonder vanilleijs kon. Vanille is nu een van de populairste ijssmaken.

Vanillestokjes

HERKOMST EN EIGENSCHAPPEN

De Azteken gebruikten vanille om chocola een smaakje te geven. Vanille is de peul van een klimorchidee, die afkomstig is van de oostkust van Zuid-Amerika. De bloemen zijn klein en groen, en worden door kolibri's bevrucht. Als vanille buiten Zuid-Amerika wordt gekweekt, zoals in Indonesië, dat verantwoordelijk is voor 80% van de totale vanilleproductie, moet hij met de hand bestoven worden – in Azië zijn geen kolibri's. De vanillestokjes worden geplukt als ze nog niet rijp zijn en worden dan met stoom behandeld. De vanillekristallen ontstaan aan de buitenkant van het stokje, dat in gedroogde vorm lang, dun en donker van kleur is. Er is ook synthetische vanille verkrijgbaar, maar die heeft niet de smaak van echte vanille.

Bewaar vanillestokjes in een luchtdichte plastic bus met suiker.

CULINAIRE TOEPASSINGEN
De Azteken hadden gelijk – vanille geeft een superbe smaak aan chocola. Maar hij smaakt ook uitstekend in vla, ijs, gebak, rijstepap, pudding, mousse en soufflés. (Gebruik het vanillestokje in zijn geheel om er zo veel mogelijk smaak aan te onttrekken.) Verwijder de stokjes daarna en droog ze voor hergebruik. Bewaar vanillestokjes bij voorkeur in een luchtdicht doosje met suiker. De smaak trekt dan in de suiker, die u als vanillesuiker kunt gebruiken. Vanille-essence wordt gemaakt door de stokjes te kneuzen en ze te weken in alcohol (de soort drank die u kiest, hangt af van de smaak die u wilt).

Vanille (Vanilla planifolia) *heeft wasachtige, geurige bloemen.*

MEDICINALE TOEPASSINGEN
Vanille kent een paar medicinale toepassingen naast het bevorderen van de spijsvertering en het opwekken van de eetlust.

ANDERE TOEPASSINGEN
Voor parfums wordt een geconcentreerde vorm van vanille gebruikt.

RECEPT
IJskoffie met vanille
Ingrediënten:
- 5 dl sterke koffie
- 3,75 dl koude melk
- ¼ kop suiker
- 2 vanillestokjes
- 3 el slagroom

Meng alle ingrediënten en zet de ijskoffie een nacht in de koelkast. Verwijder de vanillestokjes en serveer de koffie.

SZECHUAN-PEPER

Zanthoxylum piperitum

Szechuan-peper heeft een heleboel verschillende namen. Een daaravn is bloempeper, die afkomstig is van het Kantonese woord voor Szechuan-peper, fahjiu. Szechuan kan op dezelfde manier worden gebruikt als zwarte peper, maar is heter en aromatischer. U hebt er dus minder van nodig. Vroeger werd deze pepersoort gebruikt voor maaltijden en wijn die aan de goden werden geofferd.

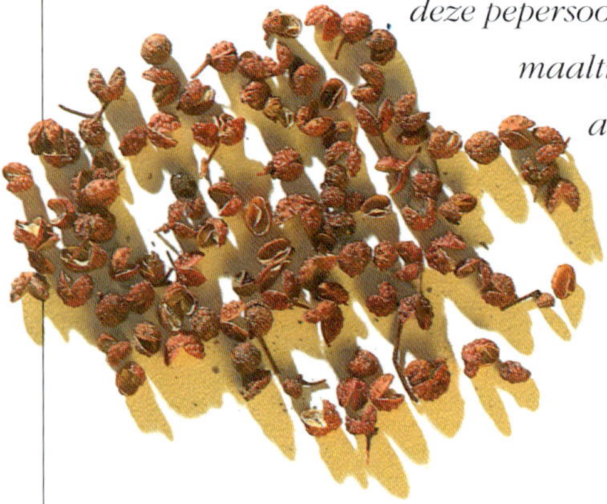

Gedroogde Szechuan-peperkorrels

HERKOMST EN EIGENSCHAPPEN

Szechuan-peper groeit in de provincie Szechuan in China. De grote boom wordt tegenwoordig voornamelijk in de vorm van een struik gekweekt. De blaadjes worden vers in de keuken gebruikt en de bast wordt gedroogd om er drankjes van te trekken. Het fruit wordt in de zomer geplukt, vlak voordat het rijp is. Het wordt gedroogd tot peperkorrels. Deze peperkorrels kunnen worden gemalen in een pepermolen of gemalen gekocht worden. Pas op, de korrels zijn erg scherp!

CULINAIRE TOEPASSINGEN
De Chinese keuken werd in het Westen vaak als saai beschouwd, tot men de keuken van Szechuan ontdekte, met zijn pikante pepersauzen en hete curry's. Met de bladeren kunt u soepen en hartige gerechten op smaak brengen – met name vleesgerechten. U kunt de bladeren koken met sojasaus en suiker of zelfs door beslag halen en frituren.

MEDICINALE TOEPASSINGEN
Szechuan-peper stimuleert de milt en de maag. Hij kan ook de bloeddruk verlagen. De specerij is een urine-afdrijvend middel, heeft een antibacteriële werking en wordt in de Chinese kruidenleer als plaatselijk verdovingsmiddel aangemerkt. Hij verwarmt en is dus goed bij griep en verkoudheid.

Bladeren en vruchten van de Zanthyloxum piperitum

RECEPT
Garnalen in Szechuan-beslag

Ingrediënten:
- 4 el zelfrijzend bakmeel
- ½ tl Szechuan-peper
- snufje zout
- stuk gemberwortel
- 1 ei
- 75 ml water
- olie om in te frituren
- 500 g steurgarnalen

Zeef bloem, peper en zout en voeg de fijngesneden gemberwortel toe. Voeg ei en water toe en roer een beslag van het mengsel. Verhit de olie, haal de garnalen door het beslag en frituur ze in 2-3 minuten goudbruin. Serveer ze direct, met sjalotjes en citroen. U kunt de garnalen ook koken en serveren met peper, zout, gember, sjalotjes en citroen.

GEMBER

Zingiber officinale

Gember is ongetwijfeld een van de bekendste en populairste specerijen en werd in Europa in de Middeleeuwen gebruikt om vleesgerechten op smaak te brengen, totdat de specerij in de 18e eeuw uit de gratie raakte vanwege zijn hoge prijs. Er wordt in de Chinese kruidenleer al in 2000 v.Chr. melding van gember gemaakt.

Verse gemberwortel

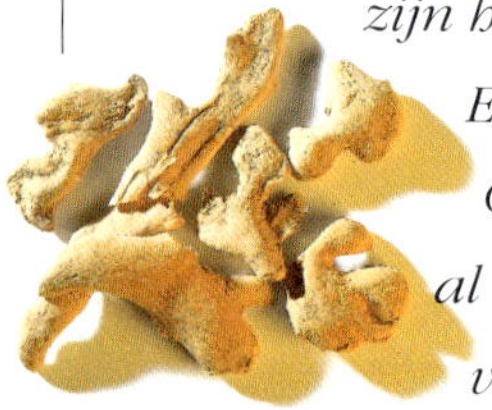

Gedroogde gemberwortel

Gember heeft zowel culinaire als medicinale toepassingen. De jonge wortels van de plant worden gebruikt voor verse gember, terwijl het gedroogde poeder vaak van oudere, sterker smakende wortels komt.

HERKOMST EN EIGENSCHAPPEN

Gember is een overblijvende plant die inheems is in het tropische deel van Azië. Hij wordt nu ook in andere tropische gebieden verbouwd, onder andere op Jamaica. De dikke, vezelige wortel van de *Zingiber officinale* wordt ca. 1 m hoog en heeft lange takken met witte of paarsgele bloemen.

Gemberpoeder

Culinaire toepassingen

Gemalen Chinese gember

Verse gember is een belangrijk ingrediënt in de Chinese keuken en kan in zowel hartige gerechten (vooral met vlees) als zoete gerechten gebruikt worden. In het Westen kennen we de smaak van gember onder andere van ginger ale. Gember is ook ingemaakt verkrijgbaar. Stemgember is afkomstig van de jonge wortels. Verse gemberwortel moet geschild en fijngesneden worden voordat u hem toevoegt. Gedroogde gember is de ongeschilde, gedroogde wortel – schil hem voor het raspen. U kunt ook gemberpoeder kopen, maar dat verliest snel zijn smaak. Koop liever verse gember.

Medicinale toepassingen

Recent onderzoek heeft aangetoond dat gember de ingewanden tot rust brengt. Daarom wordt gember gebruikt tegen reisziekte. Gember is ook een waardevolle bron van vitamine A en B en helpt tegen ochtendmisselijkheid bij zwangere vrouwen. Kauwen op de verse wortel schijnt tegen keelpijn te helpen, evenals gemberthee, die ook helpt bij kolieken en een opgeblazen gevoel, en die de eetlust bij zieken bevordert.

Recept

Gemberthee

Ingrediënten:

- ½ tl gemberpoeder
- 1 tl honing
- 2,5 dl kokend water

Meng het gemberpoeder met honing en voeg het hete water toe. Laat het afkoelen. Een scheutje cognac erdoor helpt bij griep en verkoudheid.

KOKEN MET SPECERIJEN

Elk land gebruikt specerijen in zijn keuken. En in elk land zullen mensen uit verschillende streken hetzelfde gerecht op een andere manier bereiden. Daarvoor zullen ze verschillende specerijen gebruiken in verschillende hoeveelheden – en waarschijnlijk zullen in elke plaats veranderingen en toevoegingen plaatsvinden in zelfs het eenvoudigste recept. In dit hoofdstuk krijgt u een aantal ideeën voor gerechten met specerijen aangereikt. Improviseer echter gerust zelf, want er kunnen geen exacte hoeveelheden specerijen worden gegeven die alle smaken tevreden stemmen. Denk eraan om, als dat nodig is, het gerecht zo snel mogelijk in een pot of fles te doen en in de koelkast te zetten.

Een bouquet garni is onmisbaar in de keuken.

SPECERIJENBOTER

Een eenvoudige toepassing van specerijen in de keuken is het maken van specerijenboter. Specerijenboter is gemakkelijk te maken en u kunt er vlees of vis zowel voor als na de bereiding mee bestrijken. Smeer eens specerijenboter op een gewoon bolletje of voeg een klontje boter toe aan gekookte groenten – een wereld van verschil! Klop de –liefst ongezouten– boter luchtig en voeg de specerijen toe. Voeg indien nodig wat zwarte peper en zout toe. Maak een rol van de boter en leg deze in de koelkast. De onderstaande recepten zijn voor 250 g boter.

Paprikaboter: gebruik 3 tl paprikapoeder. Lekker bij kip en lamsvlees.

Mosterdboter: gebruik 8 tl (40 ml) Franse of Hollandse mosterd. Lekker bij gegrild vlees en vis.

Jeneverbesboter: kneus 20 jeneverbessen en voeg ze aan de luchtig geklopte boter toe. Lekker bij gegrild vlees.

Mierikswortelboter: gebruik 110 g geraspte mierikswortel. Lekker bij gegrild vlees en vis.

Komijnboter: gebruik 3 tl komijnzaad. Lekker bij groentegerechten en in kaassauzen.

U kunt ook zelf een mengsel samenstellen. Probeer bijvoorbeeld eens een combinatie van cayennepeper, peper, paprikapoeder, koriander, mosterdzaad, maanzaad of sesamzaad.

SPECERIJENOLIE

Specerijen in de olie voegen extra smaak aan uw gerechten toe.

Olie neemt net als azijn de smaak op van de specerijen die u er aan toevoegt, als ze er maar lang genoeg in zitten. U kunt specerijen aan olijfolie toevoegen om uw gerechten meer smaak te geven. Neem 7,5 dl olijfolie en voeg er 6 verse pepers –groene of rode– 10 jeneverbessen, 10 stengels citroengras, 2 takjes rozemarijn, 2 geperste teentjes knoflook en 10 zwarte-peperkorrels aan toe. Laat de olie 1 maand trekken voordat u hem gebruikt. U kunt een aantal flessen tegelijk maken en experimenteren met andere specerijen. Voor mildere olie vervangt u de pepers door paprika. In plaats van peperkorrels kunt u koriander-, dille-, karwij- of venkelzaad gebruiken. Gebruik eens laurier in plaats van rozemarijn en citroengras. Bewaar de olie altijd in de koelkast.

SPECERIJENDRANKJES

De winter zou pas echt koud zijn als er geen warme, kruidige bisschopswijn was om ons te verwarmen met zijn weldadige warmte. Maar we hoeven ons niet te beperken tot bisschopswijn – er zijn punches, biersoorten, melkdrankjes, ciders, eierdrankjes en cocktails met specerijen. Eigenlijk kan elke alcoholische drank warm met specerijen erin gedronken worden.

Bisschopswijn: neem een fles volle, rode wijn en voeg er 3 el bruine suiker, 4 kruidnagels die u in een kleine sinaasappel hebt gestoken, 1 tl piment, 1 tl geraspte nootmuskaat en 3 kaneelstokjes aan toe. Verwarm de wijn langzaam en laat hem 10 minuten trekken. Laat hem niet koken, anders verdwijnt de alcohol. Zeef de wijn en serveer elk glas met een schijfje sinaasappel. In sommige landen wordt er een losgeklopt ei vlak voor het serveren toegevoegd.

Appeldrank: meng het vruchtvlees van 4 gebakken appels met 1 l warm, sterk, donker bier, 5 dl warme witte wijn en voeg 1 kaneelstokje, 1 tl nootmuskaat en 1 tl gemberpoeder toe. Verwijder het kaneelstokje en wrijf het mengsel door een zeef. Verwarm het opnieuw en voeg suiker naar smaak toe.

Melkdrankje: verwarm 5 dl melk en 1 glas witte wijn. Roer er 1 mespunt gemberpoeder, 1 mespunt nootmuskaat, een beetje suiker en een scheutje vers citroensap door. Serveer warm.

DRESSINGS

Specerijen kunnen aan dressings toegevoegd worden om ze wat meer pit te geven. Pittige dressings zijn een welkome afwisseling van de traditionele vinaigrette en kunnen een eenvoudige salade omtoveren tot een culinair hoogstandje. Hieronder vindt u twee recepten. Ze zijn snel te maken en moeten in de koelkast bewaard worden.

Pittige Chinese dressing

Ingrediënten:

- 1 teentje knoflook, geperst
- ½ rode peper
- 1 el sesamolie
- 1 el zonnebloemolie
- 1 el ciderazijn
- 1 tl sojasaus
- 1 tl sherry
- 1 tl sesamzout

Verwijder zaadlijsten en zaadjes uit de peper. Meng alle ingrediënten en bewaar de dressing in een glazen potje in de koelkast. Deze dressing smaakt goed bij taugé, roergebakken groenten en tofu.

Pittige ciderdressing

Ingrediënten:

- 6 el (90 ml) cider
- sap van 1 citroen
- 2 el (30 ml) zonnebloemolie
- 1 el (30 ml) appelsap
- ½ tl gemalen piment
- ½ tl geraspte nootmuskaat

Meng alle ingrediënten en bewaar de dressing in een glazen potje in de koelkast. Stem de hoeveelheden van de specerijen af op uw eigen smaak. Deze dressing is scherp, geeft salades een fris accent en bevat weinig olie.

INMAAKAZIJN

Goede koks gebruiken inmaakazijn voor allerhande chutneys en sauzen. Er zijn twee basistypen inmaakazijn: zoete en hartige. De zoete is voor het inmaken van fruit, de hartige voor groenten.

Inmaakazijn kan worden gebruikt voor allerlei soorten chutneys.

Zoete inmaakazijn

Ingrediënten:

- 1 el korianderzaad
- 1 el kruidnagels
- 5 stukjes foelie
- 1 el pimentbessen
- kaneelstokjes
- 900 g suiker
- 1¼ l witte-wijnazijn

Doe de kruiden in een stuk kaasdoek. Meng de suiker en de azijn. Leg het specerijenbuiltje in de azijn en laat het 6 weken trekken in een goed afgesloten glazen pot. Zeef de azijn.

Hartige inmaakazijn

Ingrediënten:

- 1 tl kruidnagels
- 2¼ tl (6 g) witte-peperkorrels
- 2¼ tl (6 g) foelie
- 1 kaneelstokje
- 2¼ tl (6 g) verse gemberwortel
- 2¼ tl (6 g) pimentbessen
- 1¼ l moutazijn

Doe de specerijen in een buideltje van kaasdoek en laat dit 5-6 weken trekken in de azijn op een koele plaats in een luchtdichte glazen pot. Schud de pot af en toe. Verwijder de specerijen en zeef de azijn.

Een traditioneel bouquet garni

Bouquet garni

Een goede kok kan niet zonder een bouquet garni – een klein zakje met kruiden en specerijen voor een ovenschotel of stoofpot. Een bouquet garni wordt van oudsher gemaakt met kaasdoek, maar u kunt ook het buitenste blad van een preistengel nemen. Dat blijft tijdens het koken altijd heel.

Ingrediënten:
- 1 laurierblad
- 1 takje tijm
- 1 kruidnagel
- 6 peperkorrels

Doe de ingrediënten in een stuk kaasdoek en bind dit dicht met een touwtje. Hang het in de pan tijdens het koken, maar knoop het touwtje aan het handvat vast, zodat u het snel kunt verwijderen voor het serveren.

CHUTNEY

Chutneys zijn dikke sauzen van ingemaakt fruit of groente. Ze smaken goed bij koud vlees, vis, hartige taarten en curry's. Ze variëren van mild tot zeer heet. Het woord 'chutney' is afkomstig van het hindoe-woord *chatni*, dat 'sterke, zoete saus' betekent. En dat is het inderdaad.

Zoete peperchutney

Ingrediënten:

- 3 kg grote, rijpe tomaten
- 500 g uien
- 3 teentjes knoflook, geperst
- 3 rode paprika's
- 3 groene paprika's
- 1 tl gemalen foelie
- 1 tl gemalen zwarte peper
- 1 tl paprikapoeder
- geraspte schil en sap van 2 citroenen
- geraspte schil en sap van 1 sinaasappel
- 1 tl gemberpoeder
- snufje cayennepeper
- 50 g zout
- 4,5 dl witte-wijnazijn
- 250 g bruine suiker

Ontvel de tomaten en verwijder de zaadjes. Alleen het vruchtvlees wordt gebruikt. Snipper de uien en doe ze samen met het knoflook in een pan. Verwijder zaad en zaadlijsten van de paprika's. Snijd ze in ringen en doe ze in de pan. Voeg de rest van de ingrediënten toe en verwarm het mengsel zachtjes tot de suiker is opgelost. Laat het geheel 2 uur zachtjes koken. Roer af en toe. Als de chutney dik genoeg is, doet u hem over in glazen potten. Laat deze op een koele plaats twee maanden staan. Deze milde chutney smaakt goed bij koud vlees en vis.

Chutney van limoen en citroen

Ingrediënten:

- 5 dl olijfolie
- 5 citroenen
- 5 limoenen
- 2 el zwarte-peperkorrels
- 1 fijngesneden gedroogde rode peper
- 1 el komijnzaad
- 3 el zout
- 4 teentjes knoflook, geperst
- 1 el wit mosterdzaad
- 3 laurierblaadjes
- 1 stukje verse gemberwortel, geraspt

Verwarm de olie in een pan en laat hem afkoelen. Snijd de citrusvruchten in vieren. Maal de zwarte peper en meng hem met de komijn en rode peper. Strooi het mengsel over de citrusvruchten. Voeg de overige ingrediënten toe en roer goed. Laat het mengsel 1 uur staan en doe het over in glazen potten. Giet de afgekoelde olie erover en bewaar de chutney 1 week op een warme plaats. Schud de potten elke dag. Zet ze dan 1 maand op een donkere plaats.

De schillen zijn dan zacht geworden en hebben de smaak van de specerijen opgenomen. Lekker bij pikante curry's en rijst.

Deze chutney is max. 6 maanden houdbaar (als u hem niet voor die tijd al op hebt).

CURRY'S

De meeste mensen denken aan India en China als ze het woord curry horen en hoewel curry's inderdaad veel voorkomen in de Indiase en de Chinese keuken, zijn er veel andere landen waar curry's gegeten worden.

Pas de specerijen aan de curry aan. Gebruik kardemom, kaneel, kruidnagels en gember als u een frisse, zoete smaak wilt; neem kurkuma en fenegriek voor een wat robuustere, zuurdere smaak, en kies komijn- en korianderzaad voor een volle smaak. Gebruik 1-2 el gemalen specerijen in een curry voor 4 personen; dan blijft de smaak karakteristiek en subtiel, en overheersen de specerijen niet. Bak de specerijen voordat u met koken begint, omdat de smaak dan beter vrijkomt. Laat ze niet aanbranden, want dan worden ze bitter. In Maleise curry's gebruikt u citroengras om de typisch Maleise smaak te verkrijgen. Thaise curry's maken altijd deel uit van een aantal gerechten die samen het hoofdgerecht vormen. Naast pikante gerechten worden er vaak zoete of neutrale gerechten geserveerd. In Thaise curry's zit vaak citroengras, laos en djeroek poeroet.

Kerrie (blz. 87) en garam masala zijn specerijenmengsels die u maximaal 4 maanden kunt bewaren. Misschien vindt u het leuk om uw eigen currypasta's te maken. Deze kunt u gebruiken voor onder andere tikka-curry': pikante curry's met yoghurt, die van oorsprong in een *tandoor* (klei-oven) werden klaargemaakt.

Garam masala

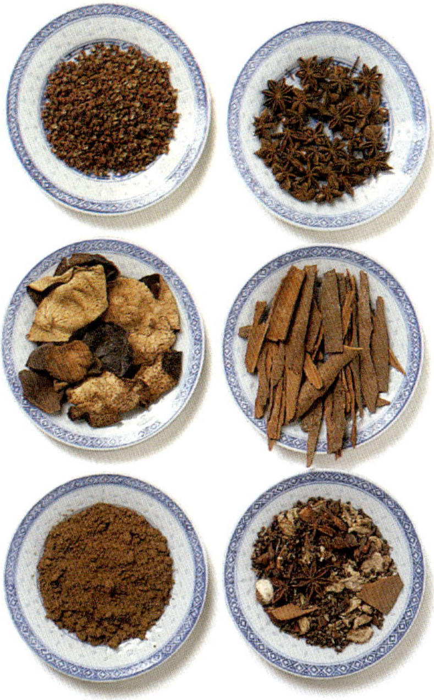

Currypasta

Ingrediënten:

- 1½ tl komijnzaad
- 1 tl garam masala
- 1 tl knoflookpoeder
- ½ tl paprikapoeder
- 1 tl kurkuma
- mespunt zout
- 2 el wijnazijn
- 1½ tl korianderzaad
- 1½ tl chilipoeder
- 1 tl gedroogde munt
- 1 el water
- 2 el olijfolie
- scheutje citroensap

Maal de zaadjes fijn in een koffiemolen (gebruik deze alleen voor specerijen, anders smaakt uw koffie naar specerijen) en meng ze met de andere droge ingrediënten. Roer goed en voeg water, citroensap en azijn toe. Verhit de olie langzaam in een koekenpan en bak de specerijenpasta hierin. Laat op laag vuur het water verdampen (ca. 10 minuten). Gebruik de pasta direct of bewaar hem in een luchtdicht glazen potje. Om de currypasta goed te houden, kunt u er een laagje olie op gieten. Met deze pasta kunt u tikka masala maken. *Masala* betekent overigens 'heet', dus u bent gewaarschuwd.

Kip tikka masala

Ingrediënten:

- 4 kipfilets
- 4 el yoghurt
- 6 el tikkapasta
- 2 el olijfolie
- 1 teentje knoflook, geperst
- 1 ui, gesnipperd
- stukje verse gemberwortel, geraspt
- 1 rode peper, fijngesneden
- 1 el amandelen, gemalen
- 1 el tomatenpuree
- 2,5 dl water
- 3 el gesmolten boter
- 1,25 dl slagroom
- scheut citroensap

Om erbij te serveren:

- 1 tl komijnzaad
- 4 takjes verse koriander
- 3 dl yoghurt

Snijd de kipfilet in blokjes en leg deze in een schaal, samen met de yoghurt en de helft van de tikkapasta. Meng het geheel goed en laat het een half uur marineren. Verhit de olie in een pan met dikke bodem en bak knoflook, ui, gember en peper 4 minuten. Voeg de rest van de curriepasta toe en bak het mengsel 3 minuten. Voeg amandelen, tomatenpuree en water toe en kook het 15 minuten zachtjes. Bestrijk de kip met de gesmolten boter en gril de kip in 15 minuten gaar. Als u de voorkeur geeft aan een gladde masala, kunt u het gebakken tikkamengsel in de keukenmachine pureren. U kunt de pasta ook zo laten. Voeg slagroom en citroensap aan de saus toe en schep de kip erdoor. Kook het geheel zachtjes 5 minuten. Serveer met naan en yoghurt en garneer met komijn en verse koriander.

Als u wilt weten hoe u een pittige rijst bereidt die bij curry's geserveerd kan worden, vindt u het antwoord hieronder.

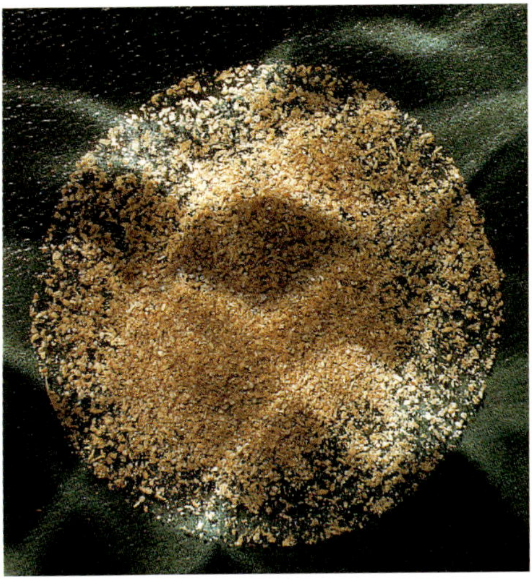

Koriander voor de pittige rijst

Pittige rijst

Ingrediënten:

- 2 uien, fijngesnipperd
- 1,25 dl plantaardige olie
- 1 tl kurkuma
- ½ tl komijn
- ½ tl korianderzaad
- ½ tl kardemom
- ¼ tl gemalen kruidnagel
- 250 g rijst
- snufje zout
- 5 dl kokend water

Fruit de uien in de olie in een pan met dikke bodem. Voeg de specerijen toe en fruit ze 2 minuten. Voeg de gewassen en uitgelekte rijst en het zout toe en bak de rijst 2 minuten. Voeg het water toe (de rijst moet net onder water staan) en leg het deksel op de pan. Laat de rijst 15 minuten zachtjes koken tot al het water is opgenomen. Roer hem los met een vork en serveer hem direct. Dit is een basisrecept; u kunt elke gewenste specerij gebruiken. Cayennepeper geeft het gerecht meer pit. Met paprikapoeder in plaats van kurkuma krijgt u rode rijst in plaats van gele. U kunt de specerijen ook weglaten en de rijst kleuren met alleen kurkuma of paprikapoeder. In India wordt de rijst meestal gebakken voordat hij gekookt wordt. In China wordt hij eerst gekookt en vervolgens gebakken, samen met vlees en groenten. Om pilav te maken kunt u amandelen en rozijnen toevoegen, die u even bakt voordat u ze door de gekookte rijst schept.

ZOETE LEKKERNIJEN

Als u al die gekruide gerechten hebt geprobeerd, wat is er dan lekkerder dan een toetje met specerijen als afsluiting van de maaltijd. Specerijen zijn niet alleen lekker in hartige gerechten; u kunt ze ook gebruiken in snoepgoed en nagerechten. Probeer eens een van de volgende recepten.

Kardemom-ijs

Ingrediënten:

- 16 groene kardemompeulen
- 2,5 dl volle melk
- 3,5 dl slagroom
- 4 eierdooiers
- 75 g suiker

Kneus 10 kardemompeulen. Breng de melk met de helft van de slagroom en de kardemom tegen de kook aan. Laat het mengsel 2 minuten trekken en 10 minuten afkoelen. Verwijder de zaadjes uit de overige kardemompeulen en kneus ze. Klop de eierdooiers met de suiker los. Zeef de melk en giet dit mengsel bij de eierdooiers. Meng goed en verwarm het mengsel tot het dikker begint te worden. Haal het van het vuur en laat het afkoelen. Klop de rest van de slagroom en roer de kardemomzaadjes erdoor. Spatel de slagroom door het afgekoelde melkmengsel. Zet het 2 uur in het vriesvak. Roer het daarna goed door met een garde. Zet het mengsel nog minimaal 12 uur in het vriesvak.

Pittige wintercompote
- 550 g tutti frutti
- 125 g suiker
- 6 dl water
- 1,75 dl rode wijn
- 6 pimentbessen
- 2 kaneelstokjes
- 6 kruidnagels
- 1 vanillestokje
- 8 peperkorrels
- 1,75 dl port

Laat het gedroogde fruit 10 minuten in heet water weken. Voeg de suiker toe en verwarm het mengsel zachtjes 5 minuten. Voeg de rest van de ingrediënten behalve de port toe en laat het mengsel 4 minuten zachtjes koken. Haal het van het vuur, voeg de port toe en laat het 10 minuten staan. Serveer warm. Erg lekker bij kardemom-ijs.

Dressing met honing en kardemom

Ingrediënten:
- 3 dl heldere honing
- 2 el citroensap
- paar druppels oranjebloesemwater
- ½ tl gekneusd kardemomzaad

Klop de honing met een mixer tot hij licht van kleur is. Voeg geleidelijk het citroensap en oranjebloesemwater toe. Roer de kardemom erdoor. Bewaar de dressing in een luchtdicht glazen potje. Dit is een lekkere dressing voor fruitsalades.

Een vanilleplant groeit omhoog langs een palm.

SPECERIJENMENGSELS

Veel traditionele specerijenmengsels zijn bekend en geliefd in de hele wereld. De Indiase keuken kent vele specerijenmengsels, waarvan garam masala waarschijnlijk de bekendste is. Ook in Europa worden kruidenmengsels in de keuken gebruikt. Er zijn specerijenmengsels voor specifieke doeleinden, zoals voor het inmaken of het bakken van koekjes. De recepten in dit hoofdstuk representeren een van de vele opvattingen over hoe een specerijenmengsel samengesteld kan worden. Wij zeggen bijvoorbeeld dat garam masala met 4 tl zwart komijnzaad wordt gemaakt, terwijl anderen met nadruk beweren dat er minimaal 5 tl nodig zijn voor een goede garam masala. En wij zeggen dat er 1 à 2 tl kaneel in kerriepoeder gaat, terwijl tegenstanders ervan overtuigd zijn dat dit exact 2¼ tl moet zijn. Specerijen mengen doet iedereen op zijn eigen manier en u bent al snel expert.
We hopen dat u ook snel een echte kenner wordt.

Koop zo vers mogelijke specerijen. Verwarm de zaadjes een paar minuten in de oven of rooster ze in een koekenpan met een dikke bodem, tot de geur vrijkomt. Daarna kunt u de zaadjes malen. Een koffiemolen is hier geschikt voor, maar uw koffie kan daarna wel een beetje vreemd smaken. U kunt ook een koffiemolen speciaal voor specerijen aanschaffen. Als de specerijen gemalen zijn, zeeft u de zaadjes met een grove zeef om steeltjes en andere ongerechtigheden te verwijderen. Bewaar de specerijen in afzonderlijke luchtdichte potjes op een koele, donkere plaats. Maak een hoeveelheid die u in een week of twee gebruikt; daarna verliezen specerijenmengsels snel hun smaak.

We hebben alle recepten in dit hoofdstuk uitgeprobeerd en we vonden ze lekker. Uiteraard kunt u zelf gaan experimenteren en uw eigen combinaties maken. De hoeveelheden worden uitgedrukt in afgestreken theelepels.

Het is waarschijnlijk onmogelijk om in India kerriepoeder te kopen –de mensen mengen daar zelf kerriepoeder– en u bent misschien ontevreden over kant-en-klare mengsels die u in de winkel kunt kopen. Waarom zou u dan niet zelf aan de slag gaan?

Pikant kerriepoeder
- 2 tl chilipoeder
- 1 tl kruidnagels
- 2 tl kardemompeulen
- 2 tl kaneel
- 2½ tl gemalen komijn
- ½ tl gemalen fenegriek
- 1 tl nootmuskaat
- 2 tl gemalen zwarte peper
- 1 tl mosterdzaad
- 1 tl maanzaad
- 1 tl kerrieblaadjes

Mild kerriepoeder
- 1 tl chilipoeder
- 1 tl gemalen zwarte peper
- 1 tl gemalen komijn
- 4 tl korianderzaad
- 1½ tl kurkuma
- 1 tl kardemompeulen
- 1 tl gemalen fenegriek

Mild kerriepoeder. Met de klok mee vanaf linksboven: gemalen fenegriek, gemalen zwarte peper, gemalen kurkuma, chilipoeder, korianderzaad, kardemompeulen, gemalen komijn

Garam masala wordt vaak voor kerriepoeder aangezien, maar dat is het niet. Het is net zo heet en pittig, maar heeft een andere smaak. Er bestaat droge masala en een garam masala-pasta. Hier volgen beide recepten.

Garam masala. Met de klok mee vanaf linksboven: kaneel, kruidnagels, gemalen foelie, kardemompeulen, gemalen komijn, gemalen zwarte peper, laurierblad

Droge garam masala

- 3 tl gemalen zwarte peper
- 2 tl kaneel
- 2½ tl gemalen komijn
- 2½ tl kruidnagels
- 1½ tl gemalen foelie
- 1½ tl kardemompeulen
- 2 tl laurierblaadjes

Garam masala-pasta

- 6 tl korianderzaad
- 3 tl gemalen komijn
- 3 tl kardemompeulen
- 1 tl laurierbladeren
- 4 tl gemalen zwarte peper
- 1 tl nootmuskaat
- 3 tl kaneel

Voeg het sap van 2 citroenen (of limoenen) aan de specerijen toe en meng het geheel tot een pasta.

Chinees vijfkruidenpoeder

Chinees vijfkruidenpoeder wordt veel gebruikt in de Chinese keuken. Maak om te beginnen een mengsel van gelijke hoeveelheden. Van daaruit kunt u experimenteren. Dit mengsel is nogal heet, dus u bent gewaarschuwd!

- 1 tl venkelzaad
- 1 tl anijszaad
- 1 tl steranijs
- 1 tl gemalen cassia
- 1 tl kruidnagels

Er is ook een Japans equivalent, dat bekend staat als zeven-smakenpeper, bestaande uit peperblad, sesamzaad, maanzaad, hennepzaad, raapzaad en gedroogde mandarijnenschil. U kunt dit mengsel misschien beter kant-en-klaar kopen, omdat sommige ingrediënten moeilijk verkrijgbaar –zo niet illegaal– zijn in sommige landen.

Chinees vijfkruidenpoeder. Met de klok mee: kruidnagels, cassia, steranijs, anijszaad, venkelzaad

Franse quatre-épices (vier specerijen)

Dit is een recept van een traditioneel Frans specerijenmengsel dat gebruikt wordt voor koud vlees en dat dient als smaakmaker in het algemeen. Het is tamelijk heet.

- 6 tl gemalen witte peper
- 1 tl kruidnagels
- 1 tl gemberpoeder
- 1 tl nootmuskaat

Quatre-épices. Met de klok mee vanaf linksboven: gemberpoeder, kruidnagels, gemalen witte peper, nootmuskaat

ANDERE COMBINATIES

Misschien wilt u alino criolo eens proberen, een Venezolaans mengsel van annattozaad, verse oregano, gemalen komijn, paprikapoeder, knoflookzout en zwarte peper. Voor gebruik wordt knoflook toegevoegd. Wordt gebruikt in stoofschotels en ovengerechten.

Maak eens zelf sambal. U hebt verse pepers, een beetje suiker, zout, olie, citroensap, ui, citroengras en trassi nodig. Samen vormen deze ingrediënten een heet bijgerecht, dat goed past bij elk Indiaas, Indonesisch of Chinees gerecht.

Andere mogelijkheden zijn: cajunmix, dat gebruikt wordt bij Mexicaanse gebakken bonen, en dat paprikapoeder, chilipoeder, komijn, mosterd en oregano bevat; pompoentaartmix, met kaneel, piment, nootmuskaat en gember; en zahtar, dat gebruikt wordt voor gehaktballen en hamburgers, en bestaat uit van sumak, geroosterd sesamzaad en tijm.

PAPRIKA'S

Er zijn mensen die nog nooit een paprika hebben gegeten, omdat ze denken dat dit een grote Spaanse peper is. Niets is minder waar. Paprika's zijn sappig en smakelijk en hebben niets van de hete smaak die pepers kenmerkt. Paprika's zijn mild en zoet van smaak. Ze kunnen rauw gegeten en in salades verwerkt worden; u kunt ze roerbakken en aan stoofschotels toevoegen of u kunt ze vullen. Ze kunnen gegrild worden en als groente worden geserveerd.

Groene paprika's zijn eigenlijk onrijpe vruchten, maar ze lijken erg op de gele en de rode en smaken alleen iets bitterder. Om de bittere smaak kwijt te raken, kunt u de paprika's een minuut of twee blancheren. Er zijn ook witte paprika's. Verwijder altijd het zaad en de zaadlijsten voor de bereiding; deze kunnen heet en bitter zijn. Bij paprika uit blik is het zaad al verwijderd, maar er is geen reden om paprika's uit blik te kopen – zelfs in de supermarkt zijn verse paprika's verkrijgbaar.

Paprika's kunnen het beste in de lengte in ringen worden gesneden. De smaak en het sap blijven dan beter bewaard.

Kies paprika's met een stevige, gladde schil en een goede kleur. Er mogen geen zachte plekken of verkleuringen te zien zijn. Zachte plekken betekenen dat de vrucht al aan het rotten is en dus beter niet gekocht kan worden. U kunt paprika's 3-4 dagen in de koelkast bewaren of 2-3 dagen in een koele ruimte.

Als u de paprika's wilt invriezen, moet u ze eerst in de lengte in stukken snijden. Blancheer ze 2 minuten. Spoel ze af onder koud stromend water, laat ze uitlekken en vries ze in. Ze zijn in de diepvries 12 maanden houdbaar. U kunt de bevroren stukken zo aan een gerecht toevoegen. Als u halve paprika's invriest, moet u ze 3 minuten blancheren en ze een uur voor gebruik laten ontdooien.

Paprika's zijn het hoofdbestanddeel van ratatouille (een Franse groentestoofschotel). Ze passen goed bij gegrild vlees en gebakken aardappelen.

Ratatouille

Ingrediënten:

- 2 aubergines
- zout
- 5 tomaten
- 1 grote groene paprika
- 1 grote rode of oranje paprika
- 6 middelgrote courgettes
- 3 el olijfolie
- 2 uien
- 2 teentjes knoflook
- ½ tl korianderzaad
- zout en peper naar smaak

Snijd de aubergines in plakken, bestrooi ze met een beetje zout en laat ze uitlekken. Ontvel de tomaten en snijd ze in stukken. Hak het knoflook fijn. Snijd de paprika's doormidden en verwijder zaadjes en zaadlijsten. Snijd de courgettes in plakken. Snipper de uien grof.

Verhit de olie en fruit op laag vuur 10 minuten ui, knoflook en paprika. Voeg de aubergine en de rest van de ingrediënten toe. Doe het deksel op de pan en laat het geheel 45 minuten zachtjes koken. Roer af en toe om aanbranden te voorkomen. Voeg wat tabasco toe als u de ratatouille wat pittiger wilt maken. Garneer met peterselie, als u wat kleur toe wilt voegen.

Gegrilde paprika's

Ingrediënten:

- paprika's

Het maakt niet uit welke kleur paprika u gebruikt; de groene is iets bitterder dan de rode en gele. Halveer de paprika's en verwijder zaad en zaadlijsten. Rooster ze licht onder de grill aan beide kanten, tot het vruchtvlees begint te rimpelen en bruin wordt. U kunt de paprika's direct serveren: ze zijn dan warm en sappig. Dezelfde techniek kunt u gebruiken als u paprika aan kebabs toe wilt voegen. Snijd de paprika dan in kleinere stukken. Rijg ze aan stokjes en gril ze tot het vel loslaat.

Baskische piperade

Ingrediënten:

- 1 grote rode en 1 grote groene paprika
- 6 tomaten
- 2 uien
- 1 teentje knoflook
- 4 el boter
- 6 eieren
- 3 el melk
- 10 plakken spek

Dit recept komt uit Baskenland. Bereid de groente en het knoflook voor zoals bij ratatouille. Fruit de groenten 8 minuten in de boter. Klop de eieren met de melk los. Giet het eiermengsel over de groenten en zet het vuur laag. Bak het spek. Als de eieren bijna gestold zijn, legt u het spek erop. Serveer warm.

PEPERS

Niemand weet precies wie de eerste pepers teelde en gebruikte, maar dat was ongeveer 9000 jaar geleden in het Amazonegebied in Zuid-Amerika. Vandaag de dag bestaan er meer dan 150 variëteiten. Deze worden overal ter wereld verbouwd, maar voornamelijk in Mexico, Californië, Texas, Mexico, Arizona, Thailand, India, Afrika en Azië.

De oorspronkelijke bewoners van Mexico ontdekten de peper als eerste en verwerkten ze in hun voedsel. Toen de Spaanse en Portugese ontdekkingsreizigers ze eenmaal geproefd hadden, verspreidde het gebruik ervan zich naar Europa en verder. Het duurde niet lang of ze werden zelfs in China gebruikt. Nu staan pepers vooral bekend om hun hete smaak. Ze worden veelvuldig toegepast in de Mexicaanse en de Aziatische keuken.

Pepers zijn lid van de *capsicum* familie (Latijn voor 'doos'-zaaddoos). Pepers zijn de vruchten van de *Capsicum frutescens*, die in een warm en vochtig klimaat gedijt. U kunt ze ook gemakkelijk thuis in potten kweken; het zijn mooie, nuttige kamerplanten. Ze kruisen zich snel, dus houd ze apart als u liever verschillende soorten houdt. Men zegt dat kleine pepers het heetst zijn, maar dat is niet altijd waar. Pepers variëren in smaak van mild tot zeer heet. Wees altijd voorzichtig bij het aanraken ervan. Draag dunne rubberhandschoenen en was uw handen goed. Wrijf nooit in uw ogen of gezicht als u pepers hebt aangeraakt; de olie die ze bevatten irriteert en brandt. Als de pepers toch met uw huid in contact komen, kunt u de bewuste plaats het beste met veel water afspoelen. Als u pepers eet en ze te heet vindt, helpt het als u melk drinkt. Bewaar pepers buiten bereik van kinderen.

Pepers zijn er in allerlei vormen, maten en kleuren – van lang en dun tot kort en dik, van rood tot groen, paars, oranje, geel, wit en zwart. Ze zijn vers, in blik, ingemaakt of als poeder verkrijgbaar. Gedroogde pepers kunnen heter zijn dan verse, maar uit blik zijn ze meestal milder. Pepers met zaadjes zijn heter en bitterder.

Pepers bereiden

Verse pepers moeten worden gehalveerd en de zaadjes moeten verwijderd worden. Leg ze even onder de grill en verwijder het vel. Ze zijn dan klaar voor gebruik. Sommige mensen grillen ze voordat ze de zaadjes verwijderen, omdat ze dan minder kans lopen de vluchtige olie op hun huid te krijgen. Om het velletje te verwijderen, doet u de peper in een plastic zakje. Daarin ontvelt u hem. Als u de pepers afspoelt, verwijdert u de olie en de hete smaak. Gedroogde pepers moeten licht geroosterd worden voordat ze 10 minuten in

Als de pepers geroosterd zijn, kunt u het vel er gemakkelijk aftrekken.

kokend water worden geweekt. Soms moet u de zaadjes nog verwijderen.

Denk eraan dat de pittigheid van de peper vooral in de zaadlijst en niet zozeer in de zaadjes zit. Verwijder dus altijd de zaadlijsten voor gebruik; pepers zijn heet genoeg zonder zaadlijsten. Koop verse pepers die stevig en glanzend zijn. Ze moeten droog en zwaar zijn. Koop geen slappe of verkleurde exemplaren. Spoel ze thuis af onder koud stromend water, droog ze en bewaar ze maximaal 2-3 weken in de groentela van uw koelkast. Als u ze niet in de koelkast bewaart, gaan ze snel achteruit. Ze bederven ook als u ze in een plastic zak bewaart, omdat het vocht dan niet weg kan. Pepers zijn heet, maar hebben ook smaak. Ervaren pepereters zeggen dat ze subtiele smaakverschillen tussen pepers waarnemen, die voor ongeoefende eters niet te onderscheiden zijn. Als u voor het eerst pepers eet, vindt u ze alleen maar heet, maar na korte tijd raakt u daaraan gewend en kunt u hetere soorten proberen en de echte smaak ervan ontdekken. Wat de een als mild omschrijft, kan voor de ander totaal anders zijn. Laat u niet overhalen hetere pepers te eten dan u lekker vindt.

PEPERSOORTEN

Elke pepersoort heeft zijn eigen smaak en gradatie van heetheid. Op de volgende bladzijden vindt u enkele van de vele populaire pepersoorten. De heetheid wordt uitgedrukt in cijfers: 1 is mild, 5 is het heetst. Sommige pepers zult u onder andere namen kennen en een aantal zult u in Nederland niet vinden.

VERSE PEPERS

Bird's eye:
Kleine zeer hete (5) peper, die ook wel rawit wordt genoemd.

Habanero: deze peper krijgt een 5+. Hij is 5 cm lang en kan verschillende kleuren hebben: rood, groen en paars. De rijpe rode pepers hebben een fruitige, exotische smaak, maar het is goed mogelijk dat de echte smaak van 's werelds heetste peper u ontgaat. Wordt verbouwd in Midden-Amerika en het Caribisch gebied.

Spaanse pepers

Jalapeño: de jalapenõpeper is de meest gebruikte peper in Mexico en wordt daar en in het Zuidwesten van Amerika verbouwd. Gedroogd en gerookt heten ze chipotle. Vers zijn het sappige, plompe pepers van 6-8 cm lang, rood of groen. De rode jalapeño's hebben veel meer smaak. Redelijk heet, 2 à 3.

Madame Janet

Madame Janet: nog een zeer hete (5+) soort. Wordt gekweekt op Jamaica en in het Caribisch gebied. Maar 2,5 cm lang. Heeft een rokerige, fruitige smaak, maar door de heetheid zult u die waarschijnlijk niet proeven.

Malaguetta: een zeer hete, kleine, dunne peper uit Brazilië. Ongeveer een 5. Hij is er in groen (onrijp) en rood (rijp).

Poblano: een milde soort peper – een 2. Groen of rood, 10-15 cm lang, met dik vruchtvlees. Gedroogd wordt hij anchopeper genoemd.

Serrano: een rode of groene, zeer dunne peper van 5 cm lang, met een zoete smaak. Nogal heet –een 4– maar met veel smaak. De rode zijn zoeter dan de groene.

Spaanse peper: dit is de meest voorkomende peper in Nederland. Hij is 15 cm lang en is helder groen of fel rood als hij rijp is. Ook wel gewoon rode of groene peper genoemd. De Spaanse peper is tamelijk heet, ongeveer een 3.

Gedroogde pepers

Pepers worden gedroogd omdat ze dan langer houdbaar zijn en gemakkelijker geëxporteerd kunnen worden. Een selectie.

Ancho: dit is de gedroogde vorm van de poblano. Heeft een zoete; fruitige smaak en is mild – een 2. Meestal roodbruin met een gerimpeld vel.

Cayenne: wordt verbouwd en gedroogd in Louisiana en Mexico en is erg heet; een 4 à 5. Wordt gebruikt voor cayennepeper. Ze zijn 5-10 cm lang, helderrood en lopen taps toe.

Guajillo: een milde, gedroogde peper uit Midden-Mexico. Hij is 10-15 cm lang en heeft een paarse kleur en een licht bittere smaak. Het vel is taai en moet voor gebruik verwijderd worden.

Mulato: nog een populaire, milde gedroogde peper, ook uit Mexico, van 10-14 cm lang, met een donkerbruine kleur. De smaak is rokerig en doet denken aan drop. Een 2 wat betreft heetheid.

New Mexican: heeft veel kleuren – van bleek olijfgroen tot helderrood. Nogal mild van smaak, een 1 of een 2, met een duidelijk waarneembare volle pepersmaak.

Pasadilla: een tamelijk hete peper (een 3), uit Mexico. Ongeveer 15 cm lang, haast zwart van kleur. Het vel glanst en is gerimpeld. Sommige pasadilla's zijn erg heet, dus pas op. Is ook verkrijgbaar in poedervorm.

Bird's eye-pepertjes

Koken met pepers

De meeste mensen kennen het gerecht chili con carne, maar er zijn veel meer gerechten met pepers. India zou niet zonder pepers kunnen in de curry's. In Szechuan in China worden zeer hete pepers voor de Chinese keuken geteeld. Waarschijnlijk associëren de meeste mensen pepers met de Mexicaanse en Aziatische (met name de Indonesische) keuken. Een echte Mexicaan is verzot op mole poblano, een typisch Mexicaans gerecht. En wat te denken van guacamole, een bijgerecht van pepers en avocado's. In tropische gebieden worden pepers met hun scherpe smaak gebruikt voor het op smaak brengen van neutralere voedingswaren. Er bestaat zelfs wodka met pepers. Zoals gezegd, wees altijd voorzichtig met pepers. Voorkom dat er bij het snijden spetters op uw gezicht komen en wrijf niet in uw ogen. Draag indien mogelijk huishoudhandschoenen. Verse pepers helpen bij het verteren van zetmeel en zijn rijk aan vitamine C. Maar denk eraan: overdaad schaadt!

Mole poblano

Ingrediënten:

- 4 grote stukken kip
- 1 ui, gesnipperd
- 1 el olijfolie
- 3 gedroogde pepers, fijngesneden
- 2 teentjes knoflook, fijngesneden
- 6 tomaten, in stukken
- 2 el sesamzaad
- 2 el amandelen
- 2 el pinda's
- ½ tl korianderzaad
- stukje pure chocolade

Bak de kip samen met de uien bruin in de olijfolie in een pan met dikke bodem. Haal de kip uit de pan. Fruit pepers, knoflook en tomaten ca. 10 minuten in dezelfde pan. Maal de noten en de zaden fijn en voeg ze toe. Smelt de chocolade in een klein beetje kookvocht en voeg hem toe aan de tomaten en de pepers. Doe de kip terug in de pan en breng hem aan de kook. Laat de kip op laag vuur gaar worden. Voeg indien nodig wat water toe. Serveer warm met een salade.

MOSTERD

Het zal niemand verbazen dat mosterd, dat erg gemakkelijk te verbouwen is en gedijt in een gematigd klimaat, een van de meest gebruikte specerijen is. De Romeinen waren waarschijnlijk de eersten die mosterd in de keuken gebruikten. Het gebruik ervan was bekend in alle delen van hun rijk. Toen het Romeinse Rijk viel en de Romeinen zich terugtrokken, lieten ze een aantal zaken na – een daarvan is mosterd.

De naam mosterd is afkomstig van twee Latijnse woorden: *mostum* en *ardere*. *Mostum* betekent 'most', vers druivensap waarvan wijn wordt gemaakt, en *ardere* betekent 'branden'. Mosterd werd met druivensap gemaakt; het druivensap werd daartoe eerst tot een zeer hoge temperatuur verwarmd. Mosterd moet daarentegen altijd met koude vloeistof (druivensap, azijn, water) gemaakt worden, anders verliest het zijn karakteristieke scherpe smaak.

Er zijn twee soorten mosterdzaad: bruin en wit. Bruine mosterdzaadjes zijn aromatischer en smakelijker, witte mosterdzaadjes zijn groter en heter. Mosterd wordt gemaakt van een combinatie van deze twee zaadjes.

Engelse mosterd wordt gemaakt van een mengsel van witte en bruine zaadjes (20 % wit en 80 % bruin), gemengd met bloem en kurkuma. Mosterd wordt vaak verkocht als een droog, heldergeel poeder. Om de traditionele Engelse mosterd te krijgen, voegt u koud water toe en laat u het mengsel

Engelse mosterd wordt meestal als droog, heldergeel poeder verkocht.

10 minuten rusten, zodat de smaak zich kan ontwikkelen.

Franse mosterd is verkrijgbaar in twee soorten: dijon en bordeaux. Dijon-mosterd is gemaakt van bruine zaadjes die zijn fijngemalen en gemengd met sap van onrijpe druiven. Met dijon-mosterd kunt u sauzen op smaak brengen.

Bordeaux-mosterd wordt gemaakt van hele zaadjes, gemengd met azijn, suiker en dragon. Hij wordt vaak bij koud vlees geserveerd.

Nederlandse mosterdsoorten zijn ook grof van structuur. Ze variëren van lichtgeel (Zaanse mosterd) tot donkergeel (Groninger mosterd). Ze zijn vaak pittig van smaak en smaken goed bij koud vlees en worst.

Amerikaanse mosterd wordt gemaakt van fijngemalen wit mosterdzaad en bloem, azijn en kleurstof en smaakt uitstekend bij hotdogs.

Grove mosterd

MOSTERD MET TOEVOEGINGEN

Engelse grove mosterd: een pittige, sterke mosterd van hele, witte zaadjes met witte wijn, zwarte peper en piment.

Grove Engelse mosterd

Mosterd met groene pepers: dijon-mosterd met gekneusde groene-peperkorrels. Populair in de Bourgogne, waar men het eet bij gegrild vlees. Tamelijk heet en gekruid.

Witte-wijnmosterd: dijon-mosterd met witte wijn. Tamelijk pittig. Wordt gebruikt om sauzen op smaak te brengen.

Dragonmosterd: grove mosterd met dragon. Nogal mild. Lekker bij kruidige gerechten.

Düsseldorfse mosterd: zoals de naam al aangeeft, komt deze mosterd uit Düsseldorf. Fijne mosterd, zonder de specerijen en karamel die Duitse mosterd meestal bevat. Scherper dan de meeste Duitse mosterdsoorten.

Moutarde de Meaux: grove mosterd van hele, bruine zaadjes. Niet zo heet; smaakt uitstekend bij minder kruidige gerechten.

Limburgse mosterd: mosterd gemaakt van mosterdzaad met wijnazijn. Vrij scherp van smaak.

Doesburgse mosterd: lichtgekleurde, grove mosterd uit een van vele Doesburgse mosterdfabriekjes.

Als u thuis bent in de mosterdsoorten die in de winkel verkrijgbaar zijn, kunt u zelf gaan experimenteren. Meng bijvoorbeeld witte en bruine zaden met kruiden, specerijen en wijn of azijn. U kunt honing, karamel of knoflook toevoegen.

Mosterd kan op talloze manieren gebruikt worden in de keuken. Mosterd maakt ingemaakte groenten, sauzen en dressings pittig. Het is de moeite waard om uit te proberen hoeveel mogelijkheden er zijn als u zelf mosterd maakt. Mosterd smaakt heerlijk bij kaas, doordat hij de smaak van de kaas benadrukt. Kaas uit het vuistje zonder mosterd is vanaf nu ondenkbaar! En mosterdmayonaise maakt een eenvoudige salade veel bijzonderder.

Mosterdmayonaise

Ingrediënten:

- 1 eidooier
- ½ el mosterd naar keuze
- ½ tl worcestersaus
- 1 tl witte wijn
- zout en peper naar smaak
- 3 druppels tabasco
- 2,5 dl olie (zonnebloem- of olijfolie)
- sap van ½ citroen.

Meng alle ingrediënten in de keukenmachine, behalve het citroensap en de olie. Voeg geleidelijk de olie toe; zet de machine op een lage stand. Voeg het citroensap toe. Deze mayonaise smaakt heerlijk bij salades.

SPECERIJENAZIJN

Het is moeilijk te geloven dat de azijn die we gebruiken om dressings te maken, groenten in te maken en kruidenazijn te maken eigenlijk een zuur is, dat zo bijtend is, dat u voor het verhitten alleen roestvrijstalen, aardewerken, glazen of geëmailleerde pannen kunt gebruiken.

Azijn wordt gemaakt van wijn, cider of gemoute gerst met kruiden en/of specerijen. De beste wijnazijn maakt u door de wijn langzaam te laten gisten tot hij veranderd is in azijn. Daarna moet hij nog een maand staan voor gebruik. Er is rode-wijnazijn en witte-wijnazijn. Beide zijn tamelijk sterk en kunnen worden verdund met wijn van dezelfde kleur. De meeste mensen gebruiken witte-wijnazijn voor vinaigrettes en mayonaise, omdat deze door rode-wijnazijn roze worden. Rode-wijnazijn heeft de meeste smaak.

Moutazijn wordt gemaakt van gemoute gerst en is bruin van kleur. Deze kleur ontstaat door toevoeging van karamel.

Van links naar rechts: ciderazijn, rode-wijnazijn, moutazijn, sherry-azijn

Moutazijn werd vroeger beoordeeld aan de hand van de kleur: hoe donkerder de kleur, hoe sterker de azijn, maar tegenwoordig wordt er vaak kleurstof gebruikt. Moutazijn is het geschiktst voor inmaken.

Ciderazijn is, zoals de naam al zegt, gemaakt van gegiste cider. Hij heeft een kenmerkende smaak en ligt qua sterkte tussen wijnazijn en moutazijn in. Ciderazijn is bij uitstek geschikt voor chutneys.

Er bestaat ook sherry-azijn –gemaakt van sherry en door Franse koks gebruikt voor poulet au vinaigre– en talloze andere soorten, zoals frambozenazijn, walnotenazijn, balsamico-azijn.

Voor de volgende recepten kunt u elke gewenste soort azijn gebruiken. Witte-wijnazijn is wellicht het geschiktst. Bij een neutrale azijn komt de smaak van de specerijen het beste tot zijn recht.

Basisrecept specerijen-azijn

Ingrediënten:

- 2-3 el specerijen (zaadjes) op 1 l azijn

Kneus de zaadjes in een vijzel. Voeg de zaadjes toe aan de azijn en schud het mengsel goed. Bewaar de azijn twee weken op een warme, donkere plaats en schud de fles af en toe. Proef de azijn na twee weken. Als u de smaak niet sterk genoeg vindt, zeeft u de azijn en gooit u de zaadjes weg. Laat de azijn opnieuw twee weken staan; doe er nieuwe specerijen in. Proef opnieuw. U kunt dit proces herhalen tot de gewenste sterkte is verkregen. Meestal is twee keer trekken genoeg. Als de azijn klaar is, zeeft u hem en bewaart u hem in een fles met een kurk. Deze azijn kan gebruikt worden om mayonaise of vinaigrette te maken, over salades te gieten of om groenten in te maken.

Soorten specerijenazijn

Mosterdazijn: gebruik hiervoor 3 el mosterdzaad op 5 dl azijn. U kunt witte of bruine zaadjes gebruiken of een combinatie hiervan.

Chili-azijn: gebruik 6 rode pepers en een teentje knoflook. Laat de azijn twee weken trekken en zeef hem goed. Experimenteer met verschillende soorten pepers, in verschillende sterktes.

Korianderazijn: gebruik 3 el gekneusd korianderzaad.

Gemberazijn: gebruik 1 geraspte gemberwortel.

Pittige azijn: gebruik 1 el gekneusde zwarte-peperkorrels, 1 tl gekneusd selderijzaad, 1 tl geraspte gemberwortel, 1 gedroogde peper, 1 kaneelstokje en 1 tl piment. Laat de specerijen op laag vuur trekken in de azijn. Laat de azijn afkoelen en laat hem twee weken staan. Zeef de azijn.

Zeer pittige azijn: gebruik 2 teentjes knoflook, 6 verse rode pepers, 2 tl zwarte-peperkorrels, 2 tl jeneverbessen, 4 stengels citroengras en 4 takjes rozemarijn. Doe alle ingrediënten in de azijn en laat hem twee weken trekken.

Snelle chili-azijn: meng 2 tl scherpe chilisaus door de azijn en gebruik hem direct. Pas de hoeveelheid chilisaus eventueel aan.

Worcestersaus: hoewel deze saus geen azijnsoort is, kan hij op dezelfde manier als azijn gebruikt worden. Neem 6 teentjes knoflook, 1 tl zwarte peper, ¼ tl chilipoeder, 3,5 dl azijn en 5 el sojasaus. Meng alle ingrediënten in de keukenmachine. De saus is nu klaar voor gebruik. Bewaar hem in een luchtdichte fles en schud deze voor gebruik.

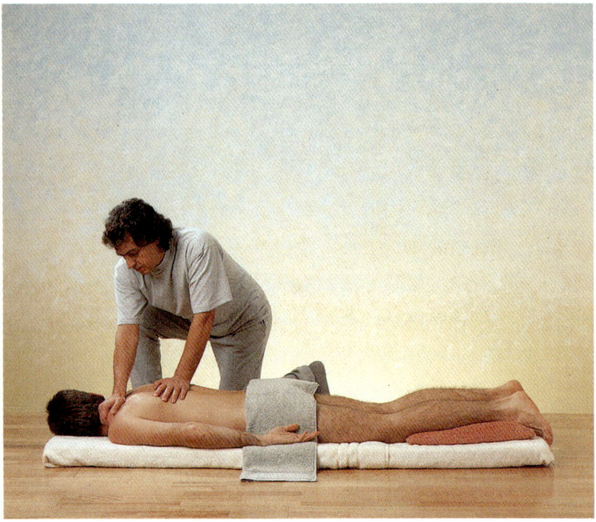

SCHOONHEID, ONTSPANNING EN GEZONDHEID

Waarschuwing

Raadpleeg eerst een deskundige voordat u met zelfbehandeling begint. Specerijen zijn effectief en veilig wanneer ze onder de juiste omstandigheden gebruikt worden. Dit boek is puur informatief en is zo volledig mogelijk, maar de adviezen die u hier krijgt mogen niet beschouwd worden als vervanging voor professionele hulp.

SPECERIJEN VOOR SCHOONHEID EN ONTSPANNING

In het Westen worden kruiden van oudsher gebruikt in schoonheidsbehandelingen; specerijen worden daarvoor weinig gebruikt omdat ze vaak als te scherp worden beschouwd. Toch kunnen specerijen uitstekend cosmetische doelen dienen. In dit boek geven we daarvan een aantal voorbeelden. Denk eraan dat de ene huid gevoeliger is dan de andere, dus probeer de recepten op een klein deel van uw huid uit voordat u ze gebruikt.

In het Oosten worden specerijen al duizenden jaren in verband gebracht met schoonheid en worden ze gebruikt in parfum. Het sterke aroma van specerijen werd gebruikt om de geur van ongewassen lichamen te verhullen en de lucht te verfrissen. Specerijen spelen ook een belangrijke rol bij het maken van wierook en worden gebruikt als kleurstof bij het maken van verf voor stoffen, tapijten en zijde.

In het warme klimaat van Oosterse landen werden specerijen gebruikt in olie, die de huid moest verzachten en be-

Maak uw eigen kruidige massage-olie.

schermen tegen de felle zon. Ze werden ook gebruikt in olie die diende om het haar te beschermen en te verzorgen. Specerijen hielpen tegen het boze oog en tegen hekserij.

Nu is het eenvoudiger om kant-en-klare producten te kopen, maar er gaat niets boven uw eigen mengsels. Als u die zelf maakt, komt u dichter bij de natuur en kunt u alle natuurlijke bronnen gebruiken waarover u kunt beschikken.

Het mag dan gemakkelijker zijn om synthetische parfums, gezichtcrèmes, wierook en massage-olie te kopen, maar het geeft veel meer voldoening wanneer u zelf speciale en unieke mengsels maakt. Het gebruik van specerijen in schoonheidsbehandelingen geeft een gevoel van weelde, luxe en genot dat u mist bij commerciële producten. Misschien zijn we niet geneigd om zo ver te gaan als keizer Heliogabalus, die een bad van saffraan nam en zo niet alleen lekker rook, maar ook een gezonde huid kreeg, maar we kunnen best wat pittige specerijen gebruiken in onze badkamers of in andere ruimten in huis. Specerijen spreken tot de verbeelding – ze brengen het mysterieuze Oosten, de zon van het Caribisch gebied of de sfeer van de verloren gegane beschavingen van Zuid-Amerika in onze huizen. Ze voorzien ons van kleur en grandeur, van geur en warmte.

Wierook wordt al eeuwenlang gebruikt.

WIEROOK

De meeste mensen hebben wel eens wierook gebruikt om thuis een lekker geurtje te creëren en hebben zich toen wellicht afgevraagd hoe deze traditie is begonnen. Misschien waren het de eerste holbewoners die ontdekten dat een handvol van sommige bladeren op de smeulende resten van een vuur een zoete geur verspreidde die de geur van overgebleven voedsel maskeerde, of misschien gebruikten ze specerijen bij het koken en vonden ze de geur van de specerijen die per ongeluk in het vuur vielen aangenaam. Daar zullen we nooit achter komen. Maar we weten wel dat de Egyptenaren en de Babyloniërs wierook gebruikten tijdens hun religieuze rituelen en dat wierook in China sinds mensenheugenis wordt gebruikt als een magisch middel – een tovermiddel tegen rusteloze geesten. Of u nu wierook brandt om uw eigen geest tot rust te brengen, uw huis een vleugje mysterie te geven of gewoon voor de geur, er gaat niets boven het maken van uw eigen wierook. De volgende recepten zijn voor wierook die ontspant en kalmeert – en innerlijke schoonheid komt voort uit een ontspannen geest.

Van oorsprong zijn er twee soorten wierook: wierook in poedervorm, die op gloeiend houtskool kan worden gestrooid, en stokjes of kegeltjes, die gemengd zijn met houtskool en gom. Wierook met gom heeft veel lucht nodig om te kunnen branden; daarom worden in de kerk de wierookbranders heen en weer geslingerd.

Wierook in poedervorm

Ingrediënten:

- 25 g benzoëgom (uit de apotheek)
- 25 g sandelhoutpoeder
- 20 g gemalen cassia
- 20 g gemalen kardemomzaad
- 15 g gemalen kruidnagel

Meng de ingrediënten – de gom werkt als fixeermiddel. De cassia kan vervangen worden door kaneel; dit is een basisrecept, dus u kunt ermee experimenteren.

Wierook in vormpjes

Ingrediënten:

- 10 g sandelhoutpoeder
- 10 g gemalen cassia
- 100 g arabische gom
- 25 g benzoëgom
- 200 g houtskool

Maal de houtskool fijn en meng alle droge ingrediënten. Meng de arabische gom met water tot er een dikke pasta ontstaat en voeg de rest van de ingrediënten toe. Vorm de wierook in de gewenste vorm en laat deze een dag of twee drogen. Ook dit is een basisrecept waar u andere ingrediënten aan toe kunt voegen.

Denk eraan dat als u wierook brandt, de rook giftig kan zijn, dus zorg altijd voor goede ventilatie.

PARFUM

Snijd 5 vanillestokjes open en leg ze in pure alcohol. Laat ze 6 weken trekken; schud het potje elke dag. Zeef de alcohol en u hebt een aangenaam geurend parfum.

POTPOURRI

Een potpourri met specerijen geeft een vertrek een zware, kruidige geur en heeft een krachtig aroma. U kunt een droge potpourri maken van elke gewenste gedroogde, gemalen specerij – experimenteer terwijl u aan het koken bent. Een basismengsel kan bestaan uit rozenblaadjes of gekneusde laurierbladeren. Voeg fijngemalen piment, cassia, kaneel, anijs, nootmuskaat, vanille, korianderzaad, kruidnagels, gember, kardemom en foelie toe.

Hier volgen twee andere combinaties die u uit kunt proberen:

Een lichte, verfrissende lentepotpourri

Ingrediënten:

- 50 g karwij
- 50 g kardemom
- 50 g kaneel
- 50 g venkel
- 2 goudsbloemen
- 6 druppels oranjebloesemolie
- 6 druppels citroengrasolie

Een zware potpourri met een wintergeur

Ingrediënten:

- 25 g kaneelstokjes
- 50 g kruidnagel
- 50 g steranijs
- 50 g jeneverbessen
- 50 g zwarte peper
- 50 g mirtebladeren
- 25 g rozemarijn
- 6 druppels wierookolie
- 2 druppels kaneelolie
- 6 druppels sinaasappelolie
- 2 druppels gemberolie

SCHOONHEIDSBEHANDELINGEN

Handcrème

Ingrediënten:

- 60 g vanillestokjes
- 250 g spekvet
- 120 g benzoëgom
- 120 g walschot (van de apotheek)
- 5 dl amandelolie

Doe de vanillestokjes en het spekvet in een vuurvaste kom. Voeg benzoëgom, walschot en amandelolie toe. Verwarm het geheel au bain marie. Laat het afkoelen en gebruik het als massage-olie. Een paar druppels anijsolie in het badwater helpen tegen hoofdpijn en vermoeidheid. Twee druppels anijsolie, 2 druppels rozenolie, 2 druppels nootmuskaatolie en 1 el amandelolie vormen een goede massage-olie.

Andere geschikte etherische specerijenoliën zijn: dille (voor spijstverteringsproblemen en darmkramp bij kinderen); venkel (bij spijsverteringsproblemen); gember (bij zenuwaandoeningen); jeneverbes (om te ontgiften en te reinigen); zwarte peper (om de bloedsomloop te stimuleren) en citroengras (met een verfrissende werking).

Voor een massage bij spijsverteringsproblemen en krampen voegt u 3 druppels dille-olie en 3 druppels venkelolie toe aan amandelolie. Voeg voor een opwekkende en stimulerende massage 1 druppel peperolie en 3 druppels citroengras toe aan 50 ml amandelolie. Etherische specerijenoliën zijn in het algemeen verwarmend en stimulerend en kunnen, als u er te veel van gebruikt, de huid irriteren. Bij iemand met een gevoelige huid en bij kinderen gebruikt u de helft van de aanbevolen hoeveelheid olie.

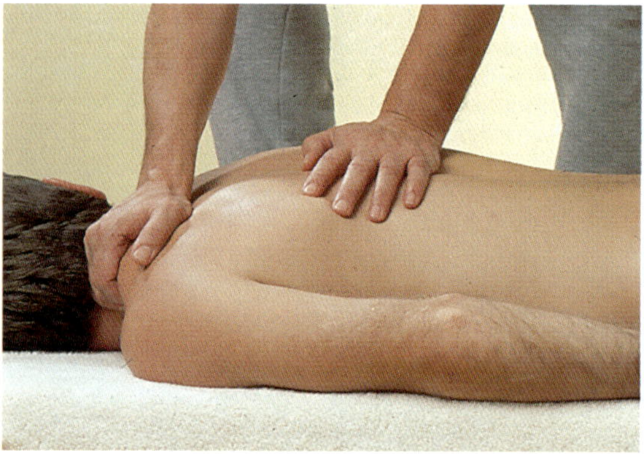

Reinigingslotion en aftershave

Nootmuskaat: laat voor een verstevigende lotion voor de borsten 15 g nootmuskaat in 1 l kokend water trekken. Zeef het water, leg doeken in het water en leg deze vervolgens op de borsten tot de doeken zijn afgekoeld. Herhaal dit; verwarm het vocht opnieuw.

Mierikswortel wordt gebruikt in cosmetica.

Mierikswortel: deze specerij is geschikt voor een reinigende lotion tegen pukkels en mee-eters. Snijd de mierikswortel –250 g wortel op 2,5 dl melk– en laat het mengsel 1 uur op laag vuur trekken. Zeef de melk. Gebruik de lotion voor gezicht en voorhoofd. Bewaar hem in een fles in de koelkast.

Koriander: deze specerij kan gebruikt worden om een lekkere aftershave te maken. Meng 60 g korianderzaad met 1 tl honing en 5 dl kokend water. Laat het mengsel 20 minuten zachtjes koken en laat het afkoelen. Voeg 1 el (15 ml) toverhazelaar toe en zeef het mengsel. Bewaar deze zeer verfrissende aftershave in een fles in de koelkast.

Oogwater

Venkel: laat 50 g gekneusd venkelzaad 30 minuten zachtjes koken met 5 dl water. Zeef het mengsel en laat het afkoelen. Gebruik dit oogwater om ontstekingen te verminderen.

Haarmiddeltjes

Kruidnagel: hiermee maakt u een uitstekend haarmiddeltje met een aangename geur. Verwarm ½ kg vetspek met 2,5 dl amandelolie en 2 el palmolie. Zeef het mengsel en voeg als het nog warm is 2 el eau de cologne en 1 tl kruidnagelolie toe.

Saffraan geeft het haar een volle, gouden gloed.

Steranijs: steranijs wordt gebruikt voor een ander haarmiddeltje. Kneus 120 g steranijszaadjes en kook deze met 2,5 dl water. Meng het mengsel met olijfolie – 1 tl steranijsolie op 10 tl (1,5 dl) olijfolie. Dit is een haargroeimiddel.

Saffraan: meng om licht haar een diepe gouden gloed te geven een mespunt saffraan met 5 dl kokend water. Laat het mengsel afkoelen. Dit saffraanwater kunt u gebruiken als u uw haar hebt gewassen. Niet uitspoelen – laat het haar aan de lucht drogen.

Rouge en lippenstift

Saffloer: van saffloer kunt u een lichte rouge maken. Meng een handvol saffloerbloemen met 5 dl kokend water. Aan het afgekoelde rode vocht voegt u 3 delen rijstpoeder en 1 deel porseleinaarde toe, tot u een gladde pasta hebt. Een beetje hiervan als rouge of lippenstift geeft uw gezicht kleur.

Zeep

Zeep werd voor het eerst gemaakt en gebruikt in Rome, zo'n 3000 jaar geleden. Het is heel gemakkelijk om uw eigen specerijenzeep te maken.

Basiszeep

Ingrediënten:

- 250 g kaarsvet
- 1,5 dl zacht water
- 30 ml caustische soda
- snufje kurkuma
- 1 tl gemalen karwij
- 1 tl gemalen sandelhoutpoeder
- 1 gemalen kruidnagel
- 3 tl gemalen nootmuskaat
- 1 el honing
- 1 el olijfolie

Smelt het kaarsvet in een pan. Giet het water in een andere pan en voeg de caustische soda toe. Door de chemische reactie wordt dit mengsel warm. Laat het afkoelen. Laat ook het kaarsvet afkoelen. Giet het gesmolten kaarsvet en de olie als ze handwarm zijn al roerend bij het sodamengsel – gebruik hiervoor bij voorkeur een garde. Voeg de droge, fijngemalen ingrediënten en de honing toe en blijf kloppen. Tijdens het kloppen verandert de vloeistof plotseling in een dikke, romige massa. Dit is de zeep. Giet het mengsel in een vorm en laat deze 24 uur opstijven. Haal de zeep uit de vorm –hij is nu hard– en laat hem 2 weken liggen in een warme, goed geventileerde kast. De zeep is nu klaar voor gebruik. Hij schuimt goed, verzorgt uw huid uitstekend en laat een lekkere, kruidige geur achter.

Dit is een basisrecept – u kunt experimenteren met uw eigen specerijen. Kurkuma geeft een gele kleur; paprikapoeder leidt tot rode en fijngesneden peterselie tot groengekleurde zeep.

Waarschuwing

Caustische soda in droge vorm irriteert de huid. Spoel uw huid onmiddellijk af met water als hij met de soda in contact komt.

GEZONDE SPECERIJEN

In de 13e eeuw stond in een pauselijk edict van Innocentius III dat geestelijken geen medische handelingen mochten uitvoeren voor geld. Naar aanleiding van dit edict kwam de chirurgie in handen van leken, voornamelijk barbiers, terwijl priesters en monniken zochten naar natuurlijke geneesmiddelen op basis van planten. In de praktijk betekende dit een scherpe lijn tussen de kruidenleer en de chirurgie – in de kerk hield men zich steeds meer bezig met theoretische aspecten van de geneeskunde. Dit leidde tot een groeiende belangstelling voor planten die invloed hadden op de toestand van een patiënt. Toen de Spaanse en de Portugese ontdekkingsreizigers met nieuwe planten en specerijen terugkwamen uit de Nieuwe Wereld, werden deze als wondermiddelen beschouwd. Aan deze specerijen en planten werden vaak veel grotere krachten toegeschreven dan ze in werkelijkheid bezaten. Specerijen hebben uiteraard een natuurlijk

lijk verwarmend effect en zijn van nut bij verkoudheid, hoest en griep. De volgende recepten mogen alleen gebruikt worden in zeer lichte gevallen. Elke ziekte die men normaal gesproken niet thuis zou behandelen, mogen niet met specerijenmiddeltjes behandeld worden. Raadpleeg een deskundige in geval van twijfel.

Verkoudheid en hoest

Specerijen wekken warmte op en daarom kunnen ze uitstekend gebruikt worden om de gevolgen van een koude winter te bestrijden.

Cayennepeperthee: roer ½ tl cayennepeper door 1,5 dl kokend water. Laat de thee afkoelen en drink hem met teugjes. Deze thee helpt verkoudheid te verdrijven voordat hij echt ernstig wordt en verwarmt in elk geval uw hele lichaam. U kunt het water vervangen door hete melk.

Gemberthee met honing: roer ½ tl gemberpoeder door warme melk en voeg 1 tl honing toe. Dit is een verwarmende drank die de verschijnselen van verkoudheid helpt bestrijden.

Kardemomthee: bij een wintergriepje mengt u 1 tl basilicum met de zaadjes van 1 grote kardemompeul en ½ tl kaneel met 5 dl water. Voeg 1 tl suiker toe. Laat de thee 10 minuten trekken en drink

elke 2 uur een halve kop thee om koorts, verkoudheid en gewrichtspijn te verhelpen.

Anijsthee: helpt tegen hoest en lost slijm op. Laat 2 tl gekneusd anijszaad trekken in 2,5 dl kokend water. Laat de thee afkoelen.

Kalmerende en rustgevende middelen

Als u niet kunnen slapen of behoefte hebt aan iets wat u ontspant als u gestrest bent, is kruidenthee een natuurlijke, niet-verslavende remedie.

Thee van venkel, dille en anijs: voor een ontspannend drankje dat u in slaap helpt komen laat u gekneusd venkelzaad, anijszaad en dillezaad –1 tl van alledrie soorten zaden– trekken in 2,5 dl kokend water.

Versterkende middeltjes

Paprika's bevatten veel vitamine C en van allerlei andere specerijen kunt u versterkende middeltjes voor het hele lichaam maken.

Ginsengthee: voeg 1 tl ginsengpoeder toe aan 5 dl kokend water. Laat het mengsel 15 minuten zachtjes koken en drink de thee met kleine teugjes als hij is afgekoeld.

Karwijthee: laat 1 tl karwijzaad weken in 2,5 dl kokend water.

Kappertjesthee: trek thee van 2,5 dl kokend water en 1 tl gedroogde en gemalen kappertjes.

Selderijthee: meng 1 tl gemalen selderijzaad met 2,5 dl kokend water.

Fenegriekthee: maak thee van 1 tl gemalen fenegriekzaad en 2,5 dl kokend water.

Middeltjes voor de spijsvertering

Vroeger was na de winter, in tijden dat men alleen zwaar, gezouten voedsel ter beschikking had, een middeltje ter bevordering van de spijsvertering noodzakelijk om het spijsverteringskanaal te reinigen en de maag te stimuleren.

Fenegriekthee (recept hierboven): deze thee wekt ook de eetlust op.

Cognac met specerijen: meng 1 tl gekneusd venkelzaad en 1 tl gekneusd karwijzaad met 6 dl cognac en 50 g suiker. Laat het mengsel 4 weken staan en schud de fles af en toe. Neem hier een halve kop van voor de maaltijd.

Aperitief met cognac: dit drankje wordt als aperitief gedronken; als u het een half uur voor de maaltijd inneemt, bevordert het de eetlust. Voeg aan 1 l cognac 2 tl gedroogde sinaasappelschil, 2 tl gekneusd kardemomzaad, ½ tl kaneel en een ¼ tl gemalen kruidnagel toe. Laat het mengsel 1 maand staan. Neem hiervan 2 el voor de maaltijd.

Nootmuskaatwijn: drink deze wijn een half uur voor de maaltijd. Voeg 1 hele geraspte muskaatnoot toe aan 5 dl rode wijn. Laat het mengsel 1 nacht trekken. Zeef het drankje en neem er 2 el van voor de maaltijd.

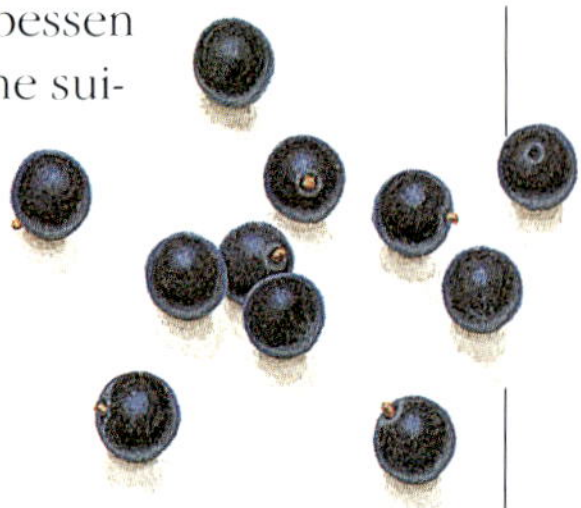

Jeneverbessenwijn: laat 1 el jeneverbessen weken in 1 l witte wijn. Voeg 1 el bruine suiker toe. Laat het mengsel 1 week trekken, zeef het en drink er een glas of twee van.

Jeneverbessensiroop: drink deze siroop na de maaltijd om de maag tot rust te brengen. Laat 1 l water zachtjes koken met 100 g jeneverbessen (vers of gedroogd) en de schil van 1 citroen. Laat het mengsel koken tot de bessen zacht zijn. Zeef het mengsel voeg 2 el honing toe, breng het aan de kook en laat het inkoken tot het indikt. Bewaar de siroop in een fles in de koelkast. Direct klaar voor gebruik. Neem 1 el in na de maaltijd.

Bisschopswijn met gember en honing: dit middel helpt bij verkoudheid en een slechte eetlust. Verwarm een beetje rode wijn, maar laat hem niet koken (tenzij de drank voor kinderen is bedoeld en u de alcohol wilt laten verdampen). Voeg geraspte gemberwortel naar smaak toe en laat de wijn afkoelen. Voeg 1 tl honing per glas toe.

Kaneelmelk: kaneelmelk helpt bij spijsverteringsproblemen. Los ½ tl kaneel op in 2,5 dl warme melk. Voeg een beetje honing toe. Drink de melk 's avonds, omdat hij niet alleen de maag kalmeert, maar ook slaperig maakt.

Kardemomthee: kneus de zaadjes uit 1 kardemompeul en laat ze trekken in 2,5 dl kokend water. Laat de thee afkoelen en drink hem met kleine slokjes. Helpt bij indigestie.

Spijsverteringsthee: trek thee van anijszaad, korianderzaad, komijnzaad en karwijzaad. Deze zaadjes kunt u ook met melk mengen of u kunt erop kauwen na de maaltijd. Ze verfrissen ook de adem.

Kardemomkoffie: in Arabische landen heet deze koffie 'gahwa'. Gahwa wordt heet en sterk gedronken. De koffie helpt bij spijsverteringsproblemen, maar er mag tijdens het koffiedrinken niet gesproken worden, anders wordt het effect tenietgedaan. Maal groene koffiebonen en voeg gekneusde kardemompeulen, -zaden en wat gemalen kruidnagel toe. Laat deze 2 minuten trekken in kokend water. Zeef de koffie en serveer hem heet. Drink hem zwart met suiker.

Laxeermiddelen

Of het nu komt door slechte eetgewoontes of door stress, soms hebben we last van constipatie en kan een laxeermiddel nodig zijn. Als u langdurig laxeermiddelen nodig hebt, doet u er verstandig aan een arts te raadplegen.

Laxeermiddel van anijszaad en zoethout: laat 25 g zoethout een nacht samen met gedroogde pruimen en/of vijgen in water weken. Kook ze 15 minuten zachtjes met ½ tl anijszaad en 1 tl honing. Verwijder het zoethout en eet het fruit als ontbijt.

Middeltjes tegen diarree

Ook voor middelen tegen diarree geldt dat u als u ze langdurig nodig hebt, een dokter moet raadplegen.

Pimentdrankje tegen diarree: voeg ½ tl gekneusde pimentbessen toe aan 1 l water en voeg 1 el bosbessen toe. Laat het mengsel enkele minuten zachtjes koken. Laat het afkoelen en voeg 1 tl citroensap toe. Neem om de paar uur een kopje, tot de symptomen verdwenen zijn.

Middeltjes tegen reumatiek

Kaneel: om reumatische pijn te verlichten voegt u een paar druppels kaneelolie aan olijfolie toe. Masseer hiermee de pijnlijke gedeelten. U kunt jeneverbessen ook 1 uur verwarmen in olijfolie en af laten koelen om hem als massage-olie te gebruiken. Masseer nooit ontstoken of gezwollen gewrichten.

Jeneverbessen: u kunt thee trekken van jeneverbessen of u kunt de bessen direct innemen tegen reumatische pijnen.

Middeltjes tegen kiespijn

Kruidnagel: om kiespijn te verlichten legt u een kruidnagel op de betreffende kies. Wacht tot de pijn afneemt. Ga vervolgens zo snel mogelijk naar de tandarts.

SPECERIJEN VOOR DE ALGEHELE GEZONDHEID

Steranijs: dit is een diureticum dat tevens de eetlust bevordert en verlichting biedt bij winderigheid en misselijkheid.

Zoethout: zoethout vermindert krampen en ontstekingen, maakt slijm los en verzacht de bronchiën.

Alantswortel: de verwarmende eigenschappen van alantswortel maken het tot een goed slijmlosmakend middel. Alantswortel helpt bij bronchitis, astma en andere longaandoeningen.

Dille: dille is rijk aan zwavel, kalium en natrium.

Selderij: een zalfje van selderijblad kan worden gebruikt bij schimmelinfecties. Het innemen van een paar zaadjes verlicht pijn bij jicht, artritis en ontstekingen aan de urinewegen.

Mierikswortel: dit is een diureticum. Het bevordert transpiratie, hetgeen goed kan zijn bij koorts. Er kan een zalfje van gemaakt worden dat gebruikt kan worden bij ontstoken wondjes, artritis en pleuritis (borstvliesontsteking).

Kentjoer: versnelt de spijsvertering en helpt tegen diarree, buikpijn (bij griep) en incontinentie.

Laos: kan worden ingenomen tegen chronische gastritis, spijsverteringsproblemen, maagzweren. Daarnaast verlicht laos de pijn bij reumatiek.

Mosterd: mosterdwindsels, verband dat geweekt is in mosterd, kunnen worden gebruikt bij reuma, spierpijn en wintertenen. De windsels helpen ook tegen zere voeten, verstuikingen en tegen hoofdpijn en verkoudheid. Koud water heeft het beste effect. Mensen met een gevoelige huid moeten voorzichtig zijn. Te veel mosterd kan braken veroorzaken.

Saffloer: van saffloer kunt u thee trekken die helpt tegen menstruatie- en menopauzeproblemen

Kappertjes: kappertjes worden gebruikt om de spijsvertering en de eetlust te bevorderen. Ze helpen ook tegen maaginfecties en diarree.

Pepers: pepers zijn opwekkend, helpen bij de spijsvertering en wekken de eetlust op.

Cayenne: thee van cayennepeper bevordert de eetlust en helpt bij maagkramp en krampen aan de ingewanden.

Paprika: paprika's bevatten veel vitamine C. Ze zijn opwekkend, hebben antiseptische eigenschappen en bevorderen de spijsvertering.

Paprikapoeder: helpt door de verwarmende eigenschappen bij verkoudheid. Het is een rijke bron van vitamine C.

Karwij: op de zaadjes kan gekauwd worden om indigestie, buikkramp en menstruatiepijn te verlichten.

Paradijskorrels: in West-Afrika worden de zaadjes ingenomen tegen diverse kwalen, zoals overvloedige melkproductie en menstruatiepijn.

Cassia: cassia is een hoofdbestanddeel van middeltjes tegen verkoudheid en wordt gebruikt bij spijsverteringsproblemen, winderigheid en buikkramp.

Koriander: koriander helpt bij spijsverteringsproblemen. De zaadjes kunnen het effect verlichten van sommige laxeermiddelen die hevige krampen veroorzaken.

Komijn: komijn helpt bij lichte spijsverteringsproblemen. De specerij helpt bij maagklachten die met migraine samenhangen.

Kurkuma: bij inwendig gebruik helpt kurkuma bij spijsverterings- en huidproblemen.

Citroengras: citroengras geeft u aan kleine kinderen als ze spijsverteringsproblemen hebben. Ook goed bij lichte koorts.

Kardemom: kardemom helpt bij maagproblemen. Kardemom kan gebruikt worden bij melkallergie.

Kruidnagels: kruidnagels bevorderen de spijsvertering en de eetlust. Ze kunnen ingenomen worden bij spijsverteringsproblemen en tegen misselijkheid en helpen bij buikpijn (bij griep) en tegen impotentie.

Asafoetida: asafoetida reinigt het spijsverteringskanaal en verlicht bij maagpijn en -kramp.

Venkel: venkel helpt tegen spijsverteringsproblemen en vermindert ontstekingen. Geschikt als mondwater en als gorgeldrank bij keelpijn en ontstoken tandvlees.

Jeneverbes: jeneverbes kan worden gebruikt bij ontstekingen aan de urinewegen en de nieren. Jeneverbes verlicht de pijn bij jicht en reumatiek.

Foelie: foelie doet maagklachten afnemen en helpt bij diarree, dysenterie en indigestie.

Nootmuskaat: een kleine hoeveelheid nootmuskaat helpt bij de spijsvertering en vermindert winderigheid. De specerij voorkomt braken en is goed voor de algehele spijsvertering.

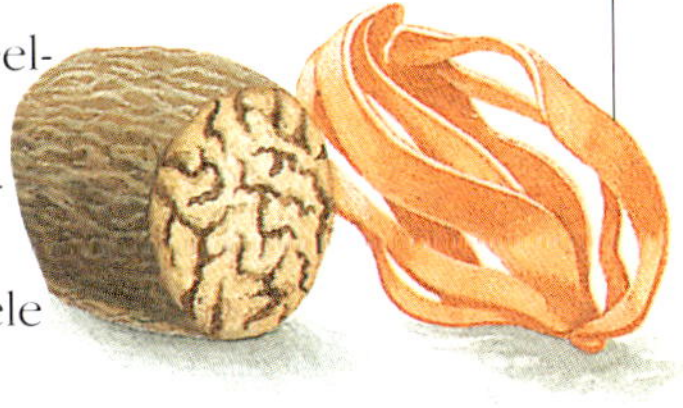

Mirte: mirte helpt tegen kolieken, winderigheid en spijsverteringsproblemen, maakt slijm los en helpt bij allerlei soorten ontstekingen in de borst.

Nigella: deze zaadjes helpen bij de spijsvertering en verlichten ontstekingen of irritaties aan de maagwand.

Maanzaad: maanzaad wordt gebruikt bij blaasontsteking.

Kassie: kassie wordt gebruikt bij het behandelen van reuma, koorts, maagklachten en spijsverteringsproblemen.

Piment: pimentolie helpt tegen winderigheid. Piment is goed voor de algehele spijsvertering en het zenuwstelsel.

Anijszaad: door de verwarmende en stimulerende eigenschappen van anijszaad is het een goed middel bij stofwisselingsproblemen en een slechte spijsvertering.

Fenegriek: fenegriekthee helpt bij maagontsteking, buikkrampen; verbetert de melkproductie; bevordert de eetlust en helpt tegen spijsverteringsproblemen.

Cubebe: deze pepersoort is verwarmend en helpt daarom bij hoest, bronchitis, voorhoofdsholte-ontsteking en keelontsteking.

Peper: peper bevordert de spijsvertering, verwarmt de bronchiën en biedt verlichting bij verkoudheid en griep.

Sumak: sumak wordt soms voorgeschreven bij ernstige diarree. De schil van de wortel helpt bij dysenterie. De vruchten verminderen ontstekingen aan de urinewegen.

Sesam: de zaadjes staan bekend als mild laxeermiddel.

Wit mosterdzaad: deze zaadjes helpen bij bronchitis, verkoudheid, hoest en reumatische gewrichtspijnen.

Tamarinde: tamarinde is een uitstekend, maar mild laxeermiddel. Tamarinde wordt ook gebruikt bij koorts, astma, geelzucht en dysenterie.

Vanille: vanille heeft weinig medicinale toepassingen, wel bevordert hij de spijsvertering en de eetlust.

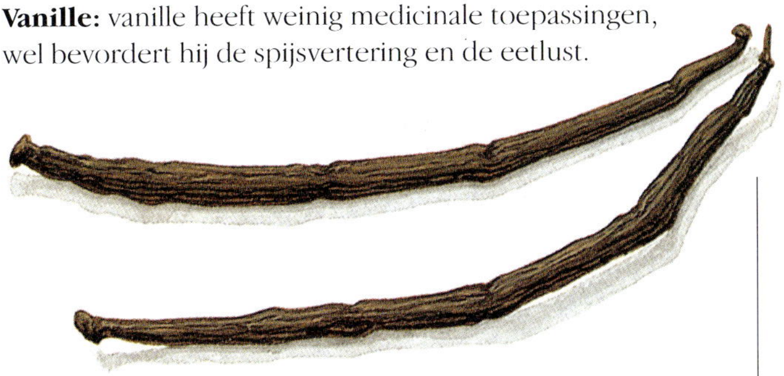

Gember: recent onderzoek heeft aangetoond dat gember de maag tot rust brengt. Gember wordt daarom als middel tegen reisziekte gebruikt.

Kerrieblaadjes: de bast van de kerrieplant wordt gebruikt als middel tegen een slechte spijsvertering. Thee van de blaadjes helpt tegen constipatie en kramp.

Szechuan-peper: deze pepersoort heeft een stimulerend effect op de milt en de maag. De specerij verlaagt tevens de bloeddruk.

Saffraan: thee van saffraan brengt de menstruatie op gang.

Kaneel: kaneel stimuleert de klieren en kalmeert de maag. Kaneel verwarmt en is dus goed bij verkoudheid, griep en keelpijn.

AANBEVOLEN LITERATUUR

Bosserdet, P. e.a., *Planten voor uw gezondheid*. The Reader's Digest, 1984.

Chevallier, A., *The Encyclopedia of Medicinal Plants*. Dorling Kindersley, 1996.

Day, Avanelle en Lillie Stuckey. *The Spice Cookbook*. David White Company, 1964.

Fratkin, J., *Herbal Patent Formulas: A Practical Guide*. Institute for Traditional Medicine, 1986.

Grieve, M., *A Modern Herbal*. Penguin Books, 1989.

Gunst, Kathy. *Condiments*. G. P. Putnam & Sons, 1984.

Herbst, Sharon Tyler. *The New Food Lovers Companion*. Barron's Educational Series, 1995.

Hoffman, D., *De Findhorn kruidengids: een holistische benadering*. Mirananda, 1984.

Ody, P., *The Complete Medicinal Herbal*. Dorling Kindersley, 1993.

Pratt, James Norwood. *The Tea Lover's Treasury*. 101 Productions, 1982.

Rain, Patricia. *Vanilla cookbook*. Celestial Arts, 1986.

Schapira, Joel, David en Karl. *The Book of Coffee and Tea*. St. Martin's Press, 1982.

Sobart, Tom. *Herbs, Spices and Flavorings*. The Overlook Press, 1982.

Stone, Sally en Martin. *Herbs, Spices & Flavorings*. HPBooks, 1982.

Sullivan, K., *Vitaminen en mineralen. Een geïllustreerd handboek*. Könemann, 1999.

Webb, M.A., *Kruiden. Alle informatie voor de liefhebber*. Librero, 1999.

Westland, Pamela. *The Book of Spices.* Exeter Books, 1985.

DANKBETUIGING

De uitgevers willen Kay Quigley, Darren Braithwaite en Liz Day van Schwartz, McCormick Uk Ltd in Haddenham, Buckinghamshire in Engeland bedanken voor hun advies en hun hulp bij het vergaren van de grote hoeveelheid specerijen die in dit boek op foto's zijn vastgelegd. Ook willen we Joseph Flach uit Peterborough en Fox's Spices in Stratford upon Avon in Warwickshire bedanken voor het advies en het verschaffen van enkele bijzondere specerijen. De auteur wil graag Roni Jay bedanken voor haar hulp bij het onderzoek voor dit boek, samen met alle fantastische ontdekkingsreizigers, koks, schrijvers van kookboeken en specerijenhandelaars die mij voorgingen en mij enthousiast gemaakt hebben voor specerijen.

FOTOVERANTWOORDING

De uitgevers willen de volgende instanties en bedrijven bedanken voor het beschikbaar stellen van foto's en voor het geven van toestemming voor het reproduceren van materiaal: AZ Botanical Collection Ltd, blz. 10, 35, 37, 39, 41, 42, 45, 47, 54, 59, 61, 63, 67, 69, 71, 73, 75, 77, 79, 81, 82, 85, 87, 89, 92, 95, 96, 99, 103, 107, 109, 111, 112, 115, 117, 119, 121; ET Archive, blz. 18; Life File, blz. 15 en 140; UK Seasoning and Spice Association en de American Trade Association, blz. 17, 19, 21, 106; JA Sharwood & Co Ltd, blz. 176; Schwartz, McCormick UK Ltd, blz. 177, 178, 179, 180, 181, 182, 183, 184, 185, 186, 187.

REGISTER

Vetgedrukte paginanummers verwijzen naar de vermelding van de betreffende specerij in de specerijenlijst.
Aambeien 61, 93, 109
Acné 93
Ademhalingsproblemen 31, 39, 67, 71
Ademverfrissers (mondwater) 35, 81, 83, 181
Aftershave 61, 173
Alantswortel **82-83**, 183
Alcoholisme 99
Alino criolo 12, 145
Amerikaanse mosterd 159
Ancho-pepers 154, 155
Andalusische Gazpacho 45
Angina 57
Anijs 15, **102-103**, 181
  Anijsthee 178
  Anijszaad **102-103**, 186
  Anijscakejes 103
  Laxeermiddel van anijs en zoethout 182
Anijszaad, olie van 80, 81
Antiseptische werking 45, 101, 105, 184
Anti-krampmiddel 75
Aphrodisiacum 29
Arak 103
Arthritis 37, 39, 183
Asafoetida **74-75**, 185
Astma 83, 105, 115, 183, 186
Azijn 12, 163-165

Baarmoeder 67, 85, 117
  baarmoederkramp 55
Bananentoetje met nootmuskaat 91
Baskische piperade 149
Bhaji van spinazie met kentjoer 33
Bird's eye 154
Bisschopswijn 128
Bitterhout **98-99**, 186
  Japans bitterhout 98
  Surinaams bitterhout 98
Bitters 99
Blaas 81
Blaasontsteking 97, 185, 186
Bloedarmoede 83
Bloeddruk 37, 79, 121, 187
Boze oog 103
Braken 91, 185
Bronchiën, verstopte 53, 61, 76, 79, 113, 186, 107, 186
Bronchitis 75, 83, 105, 183, 186
Boter 126
Buikpijn, 34, 35, 55, 57, 75, 81, 87, 117, 123, 172, 184, 185, 186, 187

Cafeïne 71
Cajunkruiden 50, 145
Cakejes met anijs 103
Californische pepers 153
Capsaïcine 48
Cassia 15, **56-57**, 184
Catarre 31
Cayennepeper 46, 47, **48-49**, 155, 184
  Cayennepeperthee 177
China 15, 20
Chinees vijfkruidenpoeder 12, 57, 120, 144
Chinese peper, zie Szechuan-peper
Chinese dressing, pittige 129
Chinese sumak 108
Chipotl 153
Cholesterol 79
Chutneys 132
  Chutney van limoen en citroen 134
Ciderdressing, pittige 129
Ciderazijn 164
Citroengras **68-69**, 127, 172, 185
Codeïne 96
Compote, pittige winter- 139
Constipatie 75, 81, 87, 181-182, 187
Cosmetica 10, 91, 94, 101, 111, 117, 167-168, 172-176
Cubebe **104-105**, 186
Curry's, 12, 134-137
Currypasta 135

Darmkrampen 55
Diarree 31, 43, 57, 89, 109, 182, 183, 184, 185, 186
Dijon-mosterd 159
Dille **34-35**, 127, 172, 183
Diuretica 39, 81, 107, 121, 183
Dragonmosterd 160
Drankjes 65, 127-128, *zie ook* thee

Droge huid 111
Duivelsdrek *zie* asafoetida
Duizelingen 111
Düsseldorfse mosterd 160
Dysenterie 75, 89, 109, 111, 115, 185, 186
Dyspepsie (spijsverteringsproblemen) 57, 99, 184, 186

Eetlust opwekkende middeltjes 35, 43, 49, 57, 61, 65, 81, 83, 99, 115, 117, 119, 123, 179, 183, 186, 187
Engelse mosterd 112, 158-159, 160

Fenegriek **116-117**, 186
  Fenegriekthee 179
Foelie 17, 21, **88-89**, 90, 185
Franse mosterd 159, 160

Gabwa 181
Garam masala 12, 65, 141, 142-143
Garnalen in Szechuanbeslag 121
Gastritis 33, 183
Gazpacho 45
Geelzucht 53, 67, 115, 186
Gember 15, 17, **122-123**, 172, 187
  Gemberthee met honing 177
  Gemberazijn 165
Gewrichten
  gezwollen 53
  pijnlijke 53, 61, 178
Ginsengthee 178
Gonorroe 105
Gorgeldrankjes 77, 83, 109, 185
Goulash 50
Griep 59, 121, 177, 186, 187
Groene-pepermosterd 160
Guacamole 156
Guajillo 155
Gui zhi *zie* kassie

Haar-
  middeltjes 173-174
  uitval 11, 174
  verf 174
Habanero 153
Handcrème 172
Hartkloppingen 57
Herpes 83
Hoest 43, 75, 105, 108, 113, 177-178, 186
Honingdressing met kardemom 139

Hooikoorts 105
Hoofdpijn 41, 91, 111, 183
migraine 65, 185
Huidproblemen 33, 37, 53, 67, 83, 185
Droge huid 111
Schimmelinfecties 37, 69, 183
Vette huid 69

Impotentie 73, 117, 185
Incontinentie 31, 91, 183
Indiase pepers 21, 47
Indiase mosterd 40
Indigestie 33, 55, 79, 89, 101, 105, 181, 184, 185
Indonesische rijst, pittige 105
Ingewanden, pijn in de 94, 184
Insecticide 69, 73
IJs, kardemom- 138
IJskoffie met vanille 119

Jalapeño-peper 153
Japans bitterhout, 98
Japanse steranijs 81
Jenever 84, 85
Jeneverbes **84-85**, 127, 172, 182, 185
Jeneverbesboter 126
Jeneverbeschutney 85
Jeneverbessiroop 180
Jeneverbeswijn 179
Jicht 37, 39, 85, 112, 183, 185
Juffertje in 't groen 94, 95

Kalmerende middeltjes 34, 101, 112, 172, 178, 181
Kalonji *zie* nigella
Kaneel 16, 20, **58-59**, 187
Kappertjes **42-43**
Kappertjesthee 179
Kappertjessaus 43
Kardemom 15, **70-71**, 185
Dressing met honing en kardemom 139
Kardemomkoffie 181
Kardemomthee 177-178, 181
Kardemomijs 128
Karwij **54-55**, 127, 181, 184
Karwijthee 178-179, 181
Kassie 98-99, 186
Keelontsteking 105, 186
Keelpijn 59, 77, 79, 109, 125, 185, 187
Kentjoer **32-33**
Kerrieblaadjes **86-87**, 187
Kerrieplant 86-87
Kerriepoeder 141, 142
Kha *zie* laos

Khas khas 97
Kiespijn 73, 182
Kip tikka masala 136
Kneuzingen 53, 93
Knoflook 9, 10, 47, 127
Koffie 71
Kardemomkoffie 71
IJskoffie met vanille 119
Komijn 15, 47, **64-65**, 181, 184-185
Komijnboter 126
Koorts 53, 69, 99, 112, 115, 178, 183, 185, 186
Koriander **60-61**, 127, 184
Krampen 49, 55, 79, 184, 185
Kruidenmosterd 113
Kruidnagel 20, 21, **72-73**, 173, 182, 185
Kurkuma 10, 15, 62, **66-67**, 175, 185

Lal mirch zie cayennepeper
Laos **30-31**, 183
Laxeermiddelen 53, 61, 76, 79, 111, 115, 181-182, 184, 186
Leverkwalen 67
Lippenstift 174
Longontsteking 83, 183
Luizen 69

Maag
Krampen 61, 184
Maagpijn 59, 64, 71, 89, 99, 105, 123, 186, 187
Maagzuur 79
Ontsteking of irritatie 95
Pijn 49, 75, 184
Trage spijsvertering 99, 179
Zweren 79
Maanzaad **96-97**, 186
Madame Janet 154
Majoraan 47
Malagueta 154
Massage-olie 9, 81, 167, 168, 172, 182
Mayonaise 164
Mosterdmayonaise 161
Mazelen 53
Medicinale toepassing, algemeen 176-177
Melkallergie 71, 185
Melkdrankje 128
Melkproductie 29, 35, 77, 95, 117, 185, 186
Menopauze 53
Menstruatie 29, 53, 55, 63, 67, 83, 185, 187
Mexico 153, 155
Mierikswortel **38-39**, 173, 183
Mierikswortelboter 126
Migraine 65, 185
Mirte **92-93**, 185
Misselijkheid 73, 81, 115, 183, 185
Mole poblano 156
Mondzweren 33, 108, 185
Mondwater 77, 83, 185
Morfine 96
Mosterd 13, 21, 158-61, 183
Doesburgse mosterd 160
Dragonmosterd 160
Düsseldorfse mosterd 160
Limburgse mosterd 160
Mosterd met groene pepers 160
Mosterdazijn
Mosterdmayonaise
Moutarde de Meaux 160
Witte-wijnmosterd 160
Moutarde de Meaux 160
Moutazijn 163-164
Mulato 155

Nigelle **94-95**, 185
Nierproblemen 71, 117, 185
Nootmuskaat 21, 88, 89, **90-91**, 173, 185

Olie 10, 127
Onvruchtbaarheid 29
Oogwater 173
Opwekkende middelen 47, 67, 73, 120, 121, 184
Osteoporosis 111
Ouzo 102, 103

Papaver **96-97**, 186
Paprika 10, 12, **44-45**, 127, 147-149, 178, 184
Gegrilde paprika's 149
Paprikachutney 133
Paprikapoeder 10, 45, **50-51**, 175, 185
Paprikaboter 126
Paradijskorrels **28-29**, 184
Parfum 170
Pasilla 155
Pasta met maanzaad 97
Pastis 80, 103
Peper 15, 17, 20, **106-107**, 127, 106
Groene peper 106
Roze peper 106
Staartpeperkorrel *zie* cubebe
Szechuan-peper **120-121**, 187
Witte peper 106
Zwarte peper 12, **106-107**, 172

Pepers 10, 13, 19, 21, **46-47**, 127, 147, 151-157, 184
Ancho 154, 155
Bird's eye 154
Californische 153
Cayenne- 155
Chili con carne 49
Chilipoeder 47
Chili-azijn 165
Gedroogde 154-5
Guajillo 155
Habanero 153
Jalapeño 153
Madame Janet 154
Malagueta 154
Mulato 155
Pasilla 155
Poblano 154
Serrano 154
Spaanse 153, 154
Piccalilli 67
Piment 19, **100-101**, 186
Piperade, Baskische 149
Pittige azijn 165
Pleuritis 39, 183
Poblano-peper 154
Potpourri 92, 93, 171
Proteïne 116
Psoriasis 93

Quatre épices 141, 145

Ratatouille 148
Reinigingslotion 173
Reisziekte 123, 187
Reukballen 73
Reumatiek 33, 37, 41, 49, 57, 81, 85, 99, 112, 113, 182, 183, 185, 186
Rijst
Pittige Indonesische rijst 105
Pittige rijst 137
Ringworm 67, 59
Roos 99
Rouge 174

Saffloer **52-53**, 174, 183
Saffraan 17, **62-63**, 174, 187
Saladedressings 128-129
Sambal 12, 145
Satésaus 55
Schimmelinfectie 37, 69, 183
Schurft 69, 83
Scheurbuik 97, 186
Selderij **36-37**, 183
Selderijthee 179
Sereh *zie* citroengras
Serrano-peper 154
Sesam 15, **110-111**, 186
Sherry-azijn 164

Slapeloosheid 34, 91, 178, 181
Specerijenmengsels 12, 141-145
Spierpijn 41, 183
Spinazie met kentjoer, bhaji van 33
Spit 48, 49, 81
Spijsvertering, middeltjes ter bevordering van de 35, 43, 45, 73, 95, 107, 179-181
Spijsverteringsproblemen 19, 33, 37, 57, 61, 65, 67, 69, 75, 77, 83, 85, 87, 91, 101, 103, 115, 117, 172, 183, 184, 185, 186, 187
Slijmoplossende middeltjes 75, 79, 83, 93, 103, 183
Staartpeperkorrels *zie* cubebe
Steenpuisten 111
Steranijs **80-81**, 102, 174, 183
Stofwisselingsproblemen 64, 103, 172, 186
Sumak 186
Chinese 18
Noord-Amerikaanse 18
Siciliaanse **108-9**
Sumakthee 107
Surinaams bitterhout 98
Szechuan-peper **120-121**, 187
Garnalen in Szechuan-beslag 121

Tabasco 46
Tamarinde **114-115**, 186
Tamarindelimonade 115
Tandpasta 103
Tandvlees 33
Thee
Alantswortel 83
Anijs 178, 181
Anijszaad 103
Cayennepeper 177
Cubebe 105
Fenegriek 179
Gember 123
Gember en honing 177
Ginseng 178
Kappertjes 179
Karwij 178-179, 181
Kardemom 177-178
Kassie 99
Komijn 181
Koriander 181
Laos 31
Mirte 93
Saffloer 53
Selderij 179
Venkel, dille en anijs 178
Tonic 99, 107, 178-181, 184

Urinebuis, ontsteking van 185
Urinewegen, ontsteking van 37, 39, 105, 109, 183, 185, 186

Vanille 19, **118-119**, 140, 187
Venkel **76-77**, 127, 172, 173, 185
Verdoving 101, 121
Verkoudheid 34, 41, 47, 51, 57, 59, 113, 121, 177-178, 183, 184, 186, 187
Verstopping 107
Verstuikingen 53
Vermout 83
Vette huid 69
Vinaigrette 163-164
Vijfkruidenpoeder, Chinees 12, 57, 120, 144
Voorhoofdsholte-ontsteking 93, 105, 186

Wierook 9, 81, 167, 169-170
Winderigheid 33, 55, 57, 75, 81, 91, 101, 123, 183, 184, 185
Middelen tegen 91, 93, 185
Wintertenen 41, 48, 183
Worcestersaus 67, 165
Wonden 39, 67, 83, 183
Wijnazijn 163

Zeep 175
Zenuwpijn 48
Zoethout **78-79**, 182, 183
Zonnebrandolie 111
Zwangerschap
Ochtendmisselijkheid bij 115, 123
Weeën op gang brengen 117
Zweren
Maagzweren 33, 79, 183
Mondzweren (aften) 33, 18, 185
Wonden 67, 83